꿈
따위는
없어도
됩니다

1판 1쇄 발행 | 2018년 8월 1일
1판 2쇄 발행 | 2018년 8월 15일

지은이 | 이태화
발행인 | 김태웅
편집장 | 강석기
기획편집 | 박지호, 민혜진
디자인 | design PIN
마케팅 총괄 | 나재승
마케팅 | 서재욱, 김귀찬, 오승수, 조경현, 양수아
온라인 마케팅 | 김철영, 양윤모
인터넷 관리 | 김상규
제 작 | 현대순
총 무 | 김진영, 안서현, 최여진, 강아담
관 리 | 김훈희, 이국희, 김승훈

발행처 | (주)동양북스
등 록 | 제2014-000055호
주 소 | 서울시 마포구 동교로 22길 12 (04030)
전 화 | (02)337-1737
팩 스 | (02)334-6624

www.dongyangbooks.com
blog.naver.com/dymg98

ISBN 979-11-5768-414-4 03190

ⓒ 이태화, 2018

이 도서의 국립중앙도서관 출판예정도서목록(CIP)은 서지정보유통지원시스템 홈페이지(http://seoji.nl.go.kr)와
국가자료공동목록시스템(http://www.nl.go.kr/kolisnet)에서 이용하실 수 있습니다.
(CIP제어번호:CIP2018021847)

꿈
따위는
없어도
됩니다

이태화 지음

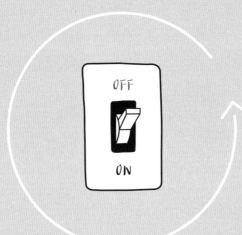

📖동양북스

나는 회사를 위해 일하지 않는다.

나를 위해 회사를 다닐 뿐이다.

관점을 약간만 바꿔도 전혀 다른 세상이 펼쳐진다.

_ 본문 중에서

힘을 빼야 힘이 생긴다

더 나은 내가 되고 싶었습니다. 더 나은 삶을 살고 싶었습니다. 수천만 원을 들여 강의를 들었고 수백 권의 책을 읽고 내용을 정리했습니다. 수십 번의 실험을 했습니다. 그것만으로도 모자라 성공한 사람들의 인터뷰를 다시 한 번 살폈습니다. 조금씩 성공의 법칙이 보이기 시작했습니다. 그 안에는 몇 가지 공통점이 있었습니다.

'원대한 꿈을 꿔라. 뜨거운 열정을 가져라. 냉철한 이성으로 판단하라. 강력한 의지로 실행하라. 다른 사람을 사랑하라.'

성공의 법칙은 단순했습니다. 성공한 사람들은 제각각 다른 말로 표현했을 뿐, 결국 같은 이야기를 하고 있었습니다. 수많은 책들과 강의 내용들의 핵심도 사실 요약해보면 같은 이야기였습니다. 물론 저는 그 속에서 동기부여를 받았습니다. 자기 분야에서 성공한 사람들을 보면 그들의 열정에 전염되는 것 같았습니다. 그들이 말하는 성공 법칙을 되뇌며 이제 성공할 일만 남았다고 느꼈습니다. 그렇게 열심히 의지를 다지며 자기계발에 뛰어들었습니다. 하지만 어느 순간 느꼈습니다. 한계에 부딪혔다는 걸.

꿈은 꾸라고 해서 생기는 게 아니다

보고 듣고 배우며 알게 된 것과 제 현실은 달랐습니다. 꿈을 꾸라고 하는데 꿈이 생기지 않았습니다. 뭔가 열심히 하고는 싶은데 뭘 해야 할지 몰랐습니다. 계획은 열심히 세우는데 실천이 안 되고, 이것저것 시작해봤지만 지속하기 힘들었습니다. 노력하는 것에 비해 성과는 안 나고, 자기계발을 할수록 제 자신이 소진되는 것 같았습니다. 무엇보다도 강력한 의지와 원대한 꿈을 가진 이상적인 사람과 그러지 못한 저 자신을 비교하다 보니 자존감만 떨어지고 있었습니다.

한참 그런 시간을 보낸 뒤 이유가 뭘까 고민하다 깨닫게 되었습니다. 제 몸과 마음에 너무 힘이 들어갔던 거예요. 성공한 사람들은 이미 성공한 상태에서 자신의 삶을 돌이켜보며 우리에게 교훈을 전합니다. 이미 열정과 의지력이 충만한 상태에서 그렇지 못한 우리에게 교훈을 줍니다. 그 에너지를 받는 건 좋지만, 그 순간의 에너지에 취해 무작정 그들을 따라 하는 것은 마치 갓난아이가 몸에 좋다는 이유로 씹을 수도 없는 견과류를 먹으려고 하는 것과 다르지 않습니다.

아무리 좋은 교훈이라도 자신이 소화할 수 없으니 금세 지쳐버리는 겁니다. 그렇게 지친 스스로를 보면 자괴감에 빠지는 것이죠. 게다가 꿈을 꾸라고 해서 꿈이 저절로 생기는 것도, 강력한 의지를 가지라고 해서 의지가 저절로 생기는 것도 아닙니다. 모든 것을 냉철한 이성으로 판단하기엔 인간은 감정적이고, 다른 사람을 사랑하는 것도 마음대로 되는 게 아닙니다. 마음먹은 대로 다 되면 누구나 다 하고 있겠죠. 하지만 안 되잖아요. 이게 현실입니다. 내가 살고 있는 곳은 결국 현실 속입니다. 하늘의 별을 바라보되, 두 발은 땅을 딛고 있어야 합니다. 이상을 꿈꾸되 현실적으로 움직여야 합니다.

꿈 따위는 없어도 됩니다

힘을 뺄수록
열정이 생기다

우리는 좀 더 힘을 빼야 합니다. 힘을 빼야 오히려 진짜 중요한 힘이 생깁니다. 원대한 꿈, 역사적 사명, 강력한 의지 같은 있어 보이는 단어는 잠시 내려놓으세요. 성공한 사람들과 지금 자신의 차이를 인정해야 합니다. 그들 중 누구처럼 모든 걸 내팽개치고 자기 꿈을 향해 떠날 용기가 없음을, 스스로 마음을 비우기가 힘듦을, 하루하루를 통제할 수 있는 환경이 아님을 인정하세요. 그런 다음 조금 더 가볍게 움직여야 합니다. 작고 민첩하게 실험하고 경험하며 피드백을 받아야 합니다. 그래야 내공이 쌓입니다. 뜨거운 열정, 강력한 의지는 이때 자연스럽게 따라옵니다.

열심히 살자고 구호를 외치며 자기계발을 실천할수록 무언가 나를 옭아매고 쪼아대는 느낌이 들었습니다. 분명 주위 사람들로부터 성실함을 인정받았고, 스스로도 열심히 살고 있다고 위안했습니다. 하지만 그럴수록 제 마음은 아프고 내면은 곪아갔습니다. 분명 성공한 사람들을 보며 동기부여를 받고 그들의 조언을 실천하고 있는데도 말이죠.

그래서 방법을 바꿔봤습니다. 힘을 뺐습니다. 가볍게 움직였습니다. 그럴수록 오히려 삶의 중요한 것을 실천할 힘이 생겼고, 원하는 삶을 살아갈 기회가 생겼습니다. 힘을 빼고 가벼워질수록 그토록 좇을 땐 보이지 않았던 열정과 의지와 꿈이 따라왔습니다.

그 이야기를 하고자 합니다. 그리고 평범한 사람들을 위한 현실적이고 구체적인 성장법을 제시하고자 합니다. 지금 당신의 어깨에 힘이 잔뜩 들어가 있다면 잠시 힘을 빼시길 바랍니다.

그냥 편하게 이 책을 읽어주세요. 그리고 여기 나오는 여러 방법 중 뭔가 끌리는 게 있다면 가볍게 실험해보시길 바랍니다. 그러면서 우리는 행복하게 성장합니다.

Q1

내가 진짜 원하는 것은
뭘까?

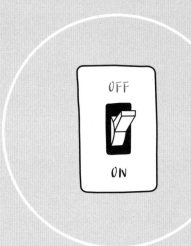

깊게 파기 위해 넓게 판다

**과연 모든 답이
내 안에 다 있는 걸까?**

흔히 자기 자신을 잘 알아야
한다고 말합니다. 또 누구
나 자기 자신이 어떤 사람인지 알려고 합니다. 그래야 제대로
미래를 설계할 수 있고 자신에게 맞는 성장 전략을 세울 수 있
으니까요. 저 역시 자신을 알기 위해 여러 가지 시도를 했습니
다. 하지만 참 답답했습니다. 어떻게 나를 알 수 있느냐는 물
음에 누구 하나 속 시원하게 대답해주지 않았거든요. 결국 모
든 답은 다 자기 안에 있다는 말을 들었지만 저도 제 안에 어

떤 답이 있는지, 과연 있기는 한 건지 알 수 없었습니다.

그래서 저는 소위 말하는 천직을 찾았다는 사람들을 찾아 봤습니다. 강의를 듣고 영상을 보고 인터뷰 기사를 보고 직접 찾아가 물어보기도 했습니다. 그중 일부는 어릴 적에 일찌감치 자기 진로를 정했다고 말했습니다. 그런 사람이 가장 부러 웠습니다. 남들처럼 수년, 길게는 수십 년 동안 무슨 일을 해야 할지 고민할 필요 없이 그냥 정해진 자기 길을 최선을 다해 즐기면서 열심히 걸어가면 되니까요. 하루하루 억지로 뭔가를 하는 사람과는 차원이 다를 것입니다. 스스로 발전한다는 사실에 환희를 느낄 수도 있고요. 그렇게 어릴 적부터 자기 길을 걷다 보니 자연스레 다른 사람들보다 비교적 일찍 그 분야의 '전문가'로 자리 잡게 됩니다.

또 다른 사람들은 어떤 직관, 깨달음을 통해 혹은 특정 사건과 경험을 통해 자기 길을 찾았다고 말합니다. 그런 결정적인 직관이나 깨달음을 얻는 계기는 사람마다 달랐습니다. 어떤 사람과의 만남 때문인 경우도 있고, 별생각 없이 어떤 일을 하게 됐는데 그것을 자연스럽게 천직이라 느끼는 사람도 있었습니다. 누군가의 이야기를 듣고 재미있을 것 같아서 시작했다는 사람, 회사 일을 하다가 우연히 아이템을 발견했다는 사람 등등 다양한 사람들의 이야기는 저에게 좋은 자극을 주었

꿈 따위는 없어도 됩니다

습니다. 언젠가는 나도 천직을 발견할 수 있으리라, 나의 본모습을 알 수 있으리라 희망을 가졌습니다. 그런데 그 '언젠가'가 과연 언제 올지 그 누구도 보장해주지는 않았습니다. 언젠가는 어떤 직관과 깨달음이 올 거라 마냥 기다리기에는 현실이 너무 답답하게 느껴졌습니다. 그래서 움직이기로 했습니다. 새로운 마음가짐으로 말이죠.

나를 힘들게 하는 건 과연 누구일까?

우선 효율적인 삶에 대한 욕심을 내려놨습니다. 자기 발견, 진로에 대한 고민이 많은 사람들은 효율적으로 살고 싶어 합니다. 단번에 자기 본질을 깨닫고 천직을 가져 전문성을 기르고 행복하게 살기를 바랍니다. 멋진 삶의 모습입니다. 하지만 이렇게 사는 것이 목표가 돼버리면 오히려 콤플렉스만 생깁니다. 그런 사람들과 비교만 하게 됩니다. 저는 의문이 들었습니다. '삶을 꼭 이렇게 효율적으로만 살아가야 하는 걸까? 일찌감치 단번에 자기 길을 선택한 사람만이 성공할 수 있는 걸까? 지금 내가 바라는 효율적인 삶이 진짜 효율적인 삶이긴 한 걸까? 괜한 욕심에 나 스스로를 힘들게 만들고 있는 건 아닐까?'라는 생각에 빠졌습니다.

기존의 제 욕심과 사고방식은 저를 힘들게 했습니다. 단번에 내가 어떤 사람인지 깨닫고 천직을 찾지 못한 것에 집중할수록 제 내면에는 고민과 갈등만 깊어졌습니다. 이후 전략을 바꿨습니다. 그리고 조금씩 나라는 사람에 대해 알아가기 시작했습니다. 저와 같은 고민을 하고 있는 사람들과 함께 실험해본 결과 실질적인 효과가 있었습니다. 그 방법은 스피노자가 한 말과 같았습니다.

'나는 깊게 파기 위해 넓게 판다.'

깊게 파기 위해 넓게 판다

목마른 사람들이 물길을 찾아 땅을 파고 있는 장면을 상상해보세요. 이때의 바람은 단번에 물길을 찾아내 딱 그 위치만 집중적으로 파는 겁니다. 다른 곳에서 방황하지 않고 그냥 계속 한곳만 집중적으로 삽질하면 됩니다. 아주 단순하고 효율적입니다. 고정된 위치에만 집중하면 되니까요.

하지만 여기서 문제가 발생할 수 있습니다. 그렇게 쉬지 않고 삽질해서 땅을 깊게 파고 들어갔는데 물이 안 나오면 어떻게 해야 할까요? 물길이 있는 곳이라 생각하고 팠는데 물이 나오지 않는 거죠. 이때는 물길을 알아보는 자신의 실력이 부족했던 겁니다. 자기 자신에 대한 냉정한 평가, 삶에 대한 통찰력, 세상에 대한 견문이 부족한 어린 시절에 진로를 선택할 때, 이런 일이 발생할 수 있습니다. 자기 자신의 욕망보다는 그저 타인의 요구나 사회적 시선, 혹은 잘못된 욕망을 기준으로 진로를 찾다 보니 진정 내가 걸어가야 할 길을 보지 못한거죠.

처음 우물의 위치를 선정할 당시에는 물길이 있었는데 파는 과정에서 물이 말라버리는 경우도 있습니다. 땅을 파 내려가는 긴 시간 동안 물길에 변화가 생긴 거죠. 이 경우는 물길을 보는 내 실력이 문제가 아니라 변해버린 자연환경이 문제입니다. 급변하는 우리 사회의 특성상 이런 경우는 매우 많습니다. 나와 잘 맞고 유망한 분야라고 여긴 천직을 찾았지만, 시간이 지나면서 산업 구조가 바뀌고 그 일의 수요가 현격하게 떨어져버리는 것이죠. 일이라는 건 내가 즐겁게 잘하는 것도 중요하지만 어느 정도 사회에서 쓸모도 있어야 합니다. 사회가 필요로 하지 않는 천직은 그냥 취미일 뿐이죠.

여기서 또 한 가지 놓친 사실이 있습니다. 삽 한 자루로 우물을 판다고 다시 한 번 상상해보세요. 과연 얼마나 깊게 팔 수 있을까요. 그 자리에 그대로 서서 얼마나 밑으로 파내려 갈 수 있을까요. 얼마 되지 않습니다. 움직일 수 있는 활동 반경에 제한이 있으니까요. 그 좁은 공간에서 계속 밑으로 파내려 가봤자 어느 순간 삽질의 한계를 느낍니다. 남들이 삽질할 때 다이아몬드 비트가 박힌 드릴을 쓴다면 이야기는 달라지겠죠. 하지만 이런 경우는 흔치 않습니다. 대부분은 삽자루 모양이 조금 다르거나 근력에 차이가 있겠죠.

그래서 결국 우리가 할 수 있는 건 넓게 파는 겁니다. 삽질을 해본 사람은 알 겁니다. 깊게 파기 위해선 무작정 한 위치만 파고 들어가면 안 됩니다. 주변 부위를 같이 파고 들어가야 합니다. 넓게 파는 거죠. 넓게 파면서 활동 반경을 늘려야 그만큼 원하는 위치에서 깊게 파고 들어갈 수 있습니다. 그리고 넓게 파면 예상치 못한 변수에도 쉽게 대처할 수 있습니다. 삽질을 하는 도중에 처음 생각했던 곳과는 다른 위치에 물길이 있는 것을 알게 돼도 당황하지 않고 위치를 조정할 수 있다는 거죠. 처음부터 깊게만 파려다가 일이 풀리지 않을 때 다시 제로에서 시작해야 하는 경우와는 차원이 다릅니다. 그리고 나라는 사람을 알기 위해서는 다각적으로 파봐야 좋습니다. 단번에 내 성격, 재능, 흥미, 가치관 등의 특성을 알기는 어렵습니다. 시기와 상황에 따라 다양한 모습을 보이는 게 사람이고,

꿈 따위는 없어도 됩니다

그 모습 모두가 나 자신이니까요.

나를 발견할 수 있는 단서 수집하기

이렇게 넓게 파다 보면 좋은 점이 있습니다. 융합이 가능합니다. 진로를 정하는 일을 생각해보겠습니다. 모든 학문과 분야는 서로 연결되어 있습니다. 게다가 요즘은 한 분야의 지식과 지혜만으로는 대단한 성과를 얻기 어렵습니다. 통합, 융합, 통섭이라는 단어가 괜히 유행하는 게 아닙니다. 한 분야로 진로를 잡아서 나아가다 보면 나는 물론 사회도 변하는 것을 보게 됩니다. 당연히 유연하게 대처할 수 있어야겠죠. 살아가며 직업을 몇 개씩 바꿔야 하는 시대입니다. 한 번에 여러 가지 직업을 갖게 되기도 하고요. 이때 깊게만 팠던 사람은 변화에 대처하기 어렵습니다. 반면 넓게 팠던 사람은 능동적으로 변화에 대처할 수 있습니다. 지금 분야를 다른 곳에 접목해 새로운 가치를 창출해낼 수도 있고요. 혹은 다시 내 능력을 발휘할 수 있는 분야를 찾아 그 안에서 새로운 기회를 만들어낼 수도 있습니다. 넓게 팠기에 가능한 일이죠.

그럼 넓게 판다는 건 어떤 의미일까요? 그것은 단서를 모으는 겁니다. 나를 알아내는 단서가 많아지는 것이죠.

지금부터 하나씩 나를 설명할 수 있는 단어를 모아보세요. 단번에 내 변치 않는 본질을 꿰뚫어야 한다는 욕심도, 지금 당장 내 천직을 찾아야 한다는 마음도 잠시 내려놓으세요. 그냥 마음 편하게 지금부터 단서를 수집한다고 생각하세요. 일종의 탐정이 되는 겁니다. 진실을 파헤칠 여러 가지 실마리를 찾고 모으는 거죠.

하나의 단서가 진실을 이야기하고 있는지 아닌지는 너무 걱정하지 않아도 됩니다. 이 단어가 정말 나를 적절하게 표현하는 것인지 아닌지에 집착할 필요가 없다는 말입니다. 그냥 모으세요. 생각나는 대로 틈틈이 기록해도 좋고, 사람들에게 설문조사를 해봐도 좋습니다. 각종 성격 유형 검사나 심리 테스트를 한 뒤 마음에 와닿는 단어를 뽑아내도 됩니다. 나의 과거 기록들을 분석해도 되고요. 그러고 나서 한곳에 모아보세요. 하나씩 살펴보세요. 계속 반복되는 것은 무엇이고 도저히 와닿지 않는 것은 무엇인지 정리해보세요. 그러다 보면 일종의 퍼즐이 맞춰지기 시작합니다. 나라는 사람에 대한 그림이 어느 정도 윤곽을 보이기 시작하고요. 그렇게 나를 알아가면 됩니다.

나의 강점을 찾는 방법

**내 행동에
나의 강점이 들어 있다**

기업이든 사람이든 자기 강점에 집중하라고 합니다. 중요하죠. 그런데 우리의 고민은 도대체 나의 강점이 뭔지 잘 모르겠다는 겁니다. 강점을 알아야 강점에 집중할 수 있을 텐데 말이죠. 우선 마음을 편하게 내려놓으세요. 아직까지 자기 강점도 모르는 나 자신을 원망하거나 비난할 필요는 전혀 없습니다. 원래 자기 강점은 자기가 잘 모릅니다. 그게 당연한 겁니다. 왜냐하면 내 강점은 나한테는 너무나도 당연하게 발휘되는 특성이거든요. 물과 공기와 같기 때문에 깨닫지 못할 뿐입니다. 원숭이가 나무를 잘 탄다고 해서, 물고기가 바다에서 헤엄을 잘 친다고 해서 서로 감탄하고 있다고 상상해보세요. 아마 칭찬받는 당사자는 상대방을 이해할 수 없을 겁니다. 나무를 타고 헤엄을 잘 치는 건 그냥 당연한 일일 뿐이니까요.

나의 강점도 같은 맥락입니다. 나한테는 익숙하고 편안하고 자연스럽게 나타나는 특성 혹은 능력 중에 강점이 숨어 있습니다. 다른 사람들이 보기에는 대단해 보이는 장점이죠. 나는 아무리 노력해도 잘 안 되는데, 어떤 사람은 그걸 너무나 쉽게 하는 걸 본 적이 있나요? "어떻게 그렇게 쉽게 할 수 있지?"라며 놀라워하면 "별거 아닌데"라고 김빠지는 말을 하는 경우 말이죠. 나의 장점 중에서도 남들에게 그렇게 보이는 게 있습니다.

그러니 나의 강점을 알고 싶다면 나를 잘 아는 가족 혹은 오래된 친구에게 한 번 물어보시길 바랍니다. 인생 경험이 풍부한 상사나 선배, 사람 보는 눈이 있는 지인에게 물어봐도 좋습니다. 물론 그 사람이 단번에 알아보고 내 강점을 알려주지는 못합니다. 나의 모든 모습을 아는 사람은 없으니까요. 혹은 잘못된 의견을 들을 수도 있습니다. 그런데 여러 사람에게 의견을 들어보면 분명 겹치는 부분이 있습니다. 강점은 그만큼 자

꿈 따위는 없어도 됩니다

연스럽게 내 행동에 드러나는 나의 특성이니까요. 앞서 말씀
드린 바와 같이 사건의 단서를 모으듯 하나하나 수집하다 보
면 내 강점의 윤곽이 잡히기 시작합니다.

성공 경험을 되짚어보다

강점을 알 수 있는 또 다른 방법이 있
습니다. 기존의 성공 경험을 돌아보는
겁니다. 여기서 주의할 점이 있습니다. 난 특별히 성취한 게
없다, 딱히 성공 경험이라고 할 것도 없다, 대단한 일을 한 것
도 아니고 그냥 평범하게 살아왔다는 마음을 내려놓는 겁니
다. 성공에 대한 기준을 낮추세요. 많이 낮추세요. 모두가 세
계를 구한 영웅일 필요는 없습니다. 역사에 길이 남을 성과를
얻어야만 성공인 게 아닙니다. 그냥 지금까지 내가 했던 일 중
이건 내가 좀 잘했다 싶은 것, 이건 내가 좀 뿌듯하다 싶은 것
을 고르세요. 그것이 바로 성공 경험입니다. 남들이 뭐라 하든
상관없습니다. 그 성공 경험 안에 내 강점이 담겨 있습니다.
그때 나의 어떤 특성이 발휘되었는지, 나의 어떤 장점이 일을
성공으로 이끌었는지 생각나는 대로 적어보세요.

이번에도 그냥 단서를 모은다는 생각으로 떠오르는 단어를

나열하세요. 혹여나 잘못된 걸 적었다고 한들 누가 뭐라고 하지 않습니다. 아니다 싶으면 나중에 수정하거나 지우면 됩니다. 그냥 떠오르는 대로 적어보세요. 성공 경험 5개만 골라서 이 작업을 해보면 내 강점이 분명 나타납니다. 어쩌면 이 작업을 하기 전에 이미 내 강점을 알고 있을지도 모릅니다. 아니, 그럴 확률이 생각보다 높습니다. 다만 '이게 내 장점입니다'라고 외칠 용기가 부족했을 뿐이죠. 그걸 입증할 자료 혹은 논거로서 뭔가 대단한 걸 제시하고 싶은데 그러지 못해 숨기고 있을 뿐입니다. 괜찮습니다. 과감히 드러내세요. 꽁꽁 숨기지 말고 마음껏 햇살도 비춰주고 물도 주세요. 그래야 강점이 싹을 틔우고 줄기를 뻗고 열매를 맺습니다.

끌리는 대로 해보는 것

마지막으로, 강점을 알 수 있는 가장 단순하면서 확실한 방법이 있습니다. 그냥 다 해보는 겁니다. 끌리면 끌리는 대로, 관심이 가면 관심이 가는 대로 일단 해보는 겁니다. 강점은 어디 안 갑니다. 내 안에 담겨 있습니다. 이미 내 안에 있는 걸 찾는 데 너무 고심하느라 강점을 발휘할 기회를 놓치고 있을지도 모릅니다.

관심이 가고 끌리는 일이 있다면 일단 조금이라도 시도해보세요. 도전이라는 단어가 부담되면 그냥 실험한다고 생각해보세요. 그럼 자연스럽게 제 모습이 드러나게 될 겁니다. 사실은 이미 어디선가 내 강점은 알게 모르게 발휘되고 있을 거예요. 자신만 알아차리지 못하고 있을 뿐이죠.

강점을 활용하는 또 다른 방법

마음껏 단서를 모으다 보면 내 강점들이 하나둘씩 보이게 될 겁니다. 그런데 여기서 또 한번 많은 고민을 하게 되죠. 내 나름대로 강점이라고 생각했는데, 세상엔 이미 그 강점을 가진 사람이 너무 많은 거예요. 신경을 쓰지 말라고 해도 신경이 쓰이는 게 또 사람이거든요. 남과 비교하지 말고 자기만의 길을 가는 것이 좋습니다. 다만 그걸 머리로는 알지만 마음으로는 되지 않을 땐 강점에 대한 전략을 바꿔보세요. 조합 전략으로요. 어느 강점이든 그 하나만으로는 타인과 비교가 많이 될 겁니다. 글쓰기든 운동이든 노래든 창의력이든 기획력이든 세상에 나보다 잘하는 사람은 분명 많으니까요. 굳이 전 세계를 찾아볼 필요도 없습니다. 멀리 찾을 것 없이 대한민국 하늘 아래만 해도 이미 나보다 먼저 그 능력을 발휘한 사람들은 한둘이 아닙니다. 대한민국에서 최고가 되는 것만도 엄청난 일이죠. 아무나 할 수 없습니다. 그러니까 강점을 조합하라는 말입니다. 한 가지 강점으로는 차별화할 수 없을지 몰라도, 내가 가진 강점을 조합하면 새로운 장이 열리게 됩니다.

예를 들어 그림 실력이 좋은 사람이 있습니다. 그런데 전문 작가와 비교하면 실력이 많이 부족합니다. 그런데 그 사람이 목소리도 좋아요. 물론 성우와 비교하면 부족하겠지만요. 이때 그림 실력과 좋은 목소리를 조합해보는 겁니다. 이를테면 자신이 하고 싶은 이야기를 그림으로 그리면서 말로 설명하는 겁니다. 이것을 영상으로 찍어 온라인 영상 플랫폼에 올린다면 새로운 콘텐츠 크리에이터가 되는 거죠. 아니면 늦은 밤 잔잔한 목소리로 그림을 설명해주는 1인 미디어를 운영할 수도 있겠죠. 이건 하나의 예시일 뿐 어떻게 조합하고 활용할지는 상상하고 시도하기 나름입니다. 2개가 아닌 3, 4개의 강점을 조합해도 좋습니다.

그래서 넓게 파는 것이 중요합니다. 평소에 자기 단서를 모아놓는다는 건 인생이라는 게임에 내놓을 패가 많아진다는 것입니다. 그러다 어떤 기회를 만났을 때 상황과 기호에 맞는 것을 골라 꺼내놓으면 됩니다. 이것이 차별화 전략입니다. 사람들은 그런 당신을 높이 평가할 겁니다. 강점을 조합하는 순간 비슷한 경쟁자들이 사라지기 때문입니다.

나도 아직 모르는 내 모습

나의 맹점은 무엇인가

보통 자신을 분석할 때 강점과 약점을 기준으로 살펴보게 됩니다. 심리검사를 이용하기도, 경영학 이론을 가져와 스스로에 대한 SWOT 분석을 하기도 합니다. 자기 특성을 비교 우위, 경쟁 우위에 따라 분류하는 겁니다. 꼭 그렇게 경쟁을 고려한 전략적 분석을 할 필요는 없겠지만, 현실을 살아가고 비즈니스를 하는 이상 어쩔 수는 없겠죠.

다만 나에 대해 좀 더 다각적으로, 복합적으로 알고 싶다

꿈 따위는 없어도 됩니다

면 강점과 약점 외에 또 알아야 할 점이 있습니다. 바로 '맹점 (blind spot)'입니다. 이것은 강점인지 약점인지를 떠나, 내가 인식조차 못하고 있는 나의 특성입니다. 인식조차 못하고 있으니 당연히 그게 강점인지 약점인지 분류하지 못하죠.

맹점이라는 단어는 보통 눈, 시각과 관련해 사용합니다. 우리 눈에는 외부의 빛을 전기적 정보로 변환해 뇌로 전달하는 공간인 망막이 있습니다. 망막은 안구의 안쪽을 덮고 있는 투명한 신경조직으로 구성돼 있습니다. 외부의 빛이 여기에 상으로 맺혀야 이게 시신경을 지나 뇌로 전달되고, 우리는 정상적으로 시각 정보를 해석할 수 있습니다. 그런데 이 망막 안에는 시세포가 없어서 물체의 상이 맺히지 않는 영역이 있습니다. 그 지점이 바로 맹점입니다. 여기엔 빛이 들어와도 우리는 인식하지 못합니다.

우리는 자신에 대해서도 이런 맹점을 갖고 있습니다. 내가 인식하지 못하는 나의 특성이죠. 이것이 강점인지 약점인지 분석할 대상 자체가 안 됩니다. 스포츠 경기가 끝나면 선수들에게 평점을 매기죠. 그런데 경기에서 뛰지 않으면 평점을 내릴 수가 없습니다. 맹점이 이와 같습니다. 우선 그 존재를 인식해야 분석을 하든 강화를 하든 개선을 하든 뭐라도 할 텐데, 있는지조차 우리는 알 도리가 없습니다. 그런데 맹점도 분명 내 특성이고 내 모습입니다. 인식을 못한다고 내 특성이 아닌 게 아니죠. 따라서 진짜 자기 발견을 하고 싶다면 이 맹점까지도 알아가는 것이 좋습니다. 자신의 맹점들을 알아갈수록 우리는 조금 더 자신을 객관적으로 이해할 수 있게 되거든요. 그럼 어떻게 맹점을 알 수 있을까요.

낯선 환경과 일기가 당신에게 주는 것

낯선 환경에 스스로를 둬보세요. 매일 같은 공간에서 같은 사람들을 만나 같은 생각을 하고 같은 행위를 하면서 자기 맹점을 찾는 건 어렵습니다. 매번 하던 그대로 생각하던 그대로 하게 될 테니까요. 따라서 낯선 환경에 스스로를 노출시킬 필요가 있습니다. 많은 사람들이 여행을 통해 효과를 봤다고 말합니다. 그것도 아주 낯선 곳으로 떠나는 여행, 해외여행을 통해서 말입니다. '여행을 떠나 낯선 나라를 돌며 나에 대해 더 많이 알 수 있었다'고 말하는 사람들을 많이 봤을 겁니다.

그런데 단순히 여행이라는 행위 자체가 아니라 '낯선 환경'이 영향을 줬다는 걸 알아야 합니다. 그렇다고 우리가 갑자기 모든 걸 내려두고 여행을 떠날 수는 없겠죠? 그러니 일상 속에서 어떤 작은 형태라도 '낯선 환경'을 만들어보세요. 평소와 다른 길을 가고 전혀 다른 업계의 사람들을 만나보고 내 취향과는 전혀 다른 책을 읽어보세요. 지금까지 하지 않았던 새로운 일을 가볍게 시도해보세요. 그 과정을 반복하다 보면 자연스럽게 자신의 맹점을 만나게 됩니다.

일기를 써보세요. 일기는 맹점을 떠나 자신을 알아갈 수 있는 좋은 수단입니다. 잘 쓸 생각은 일단 접어두세요. 지금은 그냥 가볍게 끄적거린다는 개념으로 시작해야 합니다. 어차피 내 일기인데 잘 쓰든 못 쓰든 무슨 상관이 있겠어요. 일기를 쓰면 자신이 어떤 생각을 하고 어떤 마음을 갖고 있는지 알아가게 됩니다. 우리는 시시각각 수많은 생각을 하고 감정을 느끼고는 합니다. 그런데 도대체 내가 무슨 생각을 하고 감정을 느끼는지 모른 채 그냥 흘러갑니다. 내 생각과 마음을 인식하기엔 너무 바쁘거든요. 아니, 바쁘기보다는 마음의 여유가 없다는 게 맞을 겁니다. 내 생각과 마음을 인식하는 게 어색하기도 하고요. 하지만 일기를 쓰다 보면 인식하는 연습이 됩니다. 나와 친해지고 나를 알아가게 됩니다. 낯선 환경에 스스로를 두고 일기까지 병행한다면 맹점 발견에 시너지 효과가 납니다.

타인은 아는데 나만 모르는 내 모습

마지막 팁입니다. 피드백을 받아보세요. 강점을 찾을 때와 마찬가지죠. 이게 참 재밌습니다. 나는 내 것이 잘 안 보이는데 남은 기가 막히게 내 것을 잘 볼 때가 있습니다. 바둑 두는 것을 훈수 둘 때, 게임하는 사람 옆에서 참견할 때 이런 현상을 많이 느끼게 됩니다. 나는 안 보이는 걸 훈수 두는 사람은 기가 막히게 잘 봐요. 제삼자라서 그렇습니다. '내 것'이라는 마음 혹은 집착을 놓아두었기에, 넓은 시야로 볼 수 있기에 그렇습니다. 안 보이던 것이 잘 보입니다. 종교, 철학 등에서 말하는 자신을 내려놓는 연습을 하면 나 역시도 못 보던 것을 볼 수 있게 됩니다. 하지만 그게 마음처럼 되지는 않죠. 그럴 땐 다른 사람에게 피드백을 받으면 됩니다. 심리학에서 '조하리의 창'이라고 부르는 개념이 있습니다. 여기에는 '내가 아는 나'가 있고 '남이 아는 나'가 있습니다. '나'와 '남', '안다'와 '모른다'의 관점에서 총 4가지 영역이 구분되고요.

여기서 '나'가 '모른다'인 영역이 맹점에 해당됩니다. 그런데 그 안에는 '남'은 알고 있는 영역이 있죠. 이건 직접 피드백을 받아보면 명쾌히 나옵니다. 나를 잘 알고 있는 가족 혹은 지인들에게 물어보며 단서를 모으세요. 소위 말하는 '팩폭(팩

꿈 따위는 없어도 됩니다

트 폭력)' 잘하는 사람이 있다면 복 받은 겁니다. 내가 가진 습관, 성향, 특징을 가감 없이 적나라하게 알려주거든요. 다만 이건 어디까지나 단서입니다. 그 단서 하나하나에 얽매이거나 휘둘리지는 마세요. 그냥 힘을 빼고 가볍게 자신을 관찰해 보세요.

●역사적 사명 따위는 버려라●

자신만의 'WHY' 가 있는 사람

많은 명사들이 사명과 미션을 가지라고 조언합니다. 자신만의 'WHY'를 가지라고도 표현하고요. 베스트셀러 『나는 왜 이 일을 하는가』의 저자이자 TED에서 '위대한 리더들이 행동을 이끌어내는 법(How great leaders inspire action)'이라는 주제로 강연을 펼친 사이먼 사이넥(Simon Sinek)은 말합니다. 사람들은 당신이 '무엇'을 하는지가 아니라 '왜' 하는지에 주목한다고요. 세계의 훌륭한 리더들은 모두 어떤 일을 '왜' 하는지, 선명한 자기 생각이 있다고 말합니다. 그리고 그 '왜'라는 것은 큰 목적이나 대의를 향한 불멸의 신념이라고 역설합니다.

사업을 하든 기획을 하든 자신을 세일즈하든 글을 쓰든 강의를 하든 상관없습니다. 타인의 행동을 이끌어내고 세상에 긍정적인 영향을 주고 싶다면 자신의 'WHY'를 찾고 이를 사람들에게 전해야 합니다. 단순히 '무엇을 어떻게 하는지'만 보는 게 아니라, '무엇을 어떻게 하느냐가 왜 하는지와 일치하는지'를 살펴야 합니다. 이것이 다 일치할 때 우리가 하는 실행엔 진정성이 담깁니다. 사람들은 우리의 행동을 보고 동기부여를 받게 됩니다.

물론 훌륭한 이야기입니다. 대의를 향해 '왜 하는지'가 분명한 사람, 자기 신념이 확실해서 꿋꿋이 나아가는 사람은 확실히 매력적입니다. 그런 리더와 함께 일하고 싶고, 비록 나와 뜻이 맞지 않더라도 미래를 응원하고 싶습니다. 확고한 사명, 미션을 갖고 나아가는 사람은 결국 뭐라도 이루게 됩니다. 사람들을 감동시키고 그들을 행동하게 만들기 때문입니다.

어깨에 너무 힘이
들어간 거 아닐까요?

다만 여기서 짚고 넘어갈 게 있습니다. 이 사명에 너무 많은 힘이 들어가 있다는 겁니다. 역사적 사명. 분명 멋지죠. 사람들에게 감동도 줍니다. 그런 사명을 가졌을 때 사람은 크게 발전합니다. 뜨거운 열정과 강력한 의지가 자연스럽게 생기고요. 자신만의 진정한 사명을 찾는 순간 사람의 태도와 의식 수준이 달라집니다. 그런데 이런 사명감이라는 것은 목표로 삼는다고 해서 단번에 가질 수 있는 게 아닙니다. 머리로 생각해서 만들어낼 수는 있겠죠. 하지만 머리로만 만들어낸 사명감은 가슴을 울리지 못합니다. 그런 사명은 멋지게 만들어낸 사명일 뿐, 진짜 사명으로써의 역할을 하지 못합니다. 당장 나에게도 감동이 없는데 어떻게 다른 사람의 마음을 움직일 수 있을까요?

진정한 사명을 찾을 때까지 기다리고 있는 것도 웃긴 일입니다. 그 사명을 찾을 때까지 다른 일은 아무것도 하지 않는다면 그것도 안타까운 일이고요. 사명이라는 멋진 개념과 성공 사례에 파묻혀 우리는 정작 중요한 것을 놓칠 때가 있습니다. 지금 여기에서 내게 중요한 일, 내가 하고 싶은 일을 미뤄두는 겁니다. 왜냐고요? 아직 내 사명을 못 찾았으니까요. 그 사

꿈 따위는 없어도 됩니다

명을 찾고 나서야 철저하게 계산된 효율적인 노력을 하고 싶으니까요. 힘을 빼세요. 가벼워지세요. 그냥 지금 여기에서 내 삶에 충실하면 됩니다. 오히려 이런 태도로 살아갈 때 내 사명이 자연스럽게 따라오게 됩니다. 나조차 의구심이 드는 사명을 억지로 만들어내려 하지 말고, 순간순간에 충실하며 따라오는 사명을 느낄 수 있는 감각을 깨워보세요.

영웅의 사명이 다 내 것은 아니다

그리고 반드시 알아야 할 게 있습니다. 각종 강의나 책에서 보게 되는 사례 속 주인공들도 처음부터 역사적 사명, 사람들에게 영감을 주는 자기만의 'WHY'를 가졌던 게 아니라는 점을요. 그런 영웅들이 처음부터 세계 평화, 전 인류의 연결, 우주 개척 등의 어마어마한 꿈을 꿨을까요. 태어날 때부터 자기 자신을 뛰어넘는 대의를 안고 있었을까요. 아닙니다. 처음에는 개인적인 소망으로 시작합니다. 소망이 조금씩 확장되면서 각종 미디어에 사례로 실릴 만큼 영감을 주는 사명 혹은 자신만의 'WHY'로 발전하는 겁니다.

저는 'WHY'와 'BIG WHY'를 구분합니다. 처음에는 다들

지극히 소박한 'WHY'로 시작합니다. 내 소망이자 욕구죠. 야망이란 단어처럼 거대한 개념이 아닙니다. 그냥 개인적인 욕망이라 볼 수 있습니다. 이를 향해 가다 보면 어느새 알게 됩니다. 내 'WHY'가 나만의 'WHY'가 아니라는 것을요. 생각보다 많은 사람들이 나와 같은 욕망, 문제의식, 호기심을 갖고 있습니다. 꾸준히 나아갈수록 동질감이 느껴지는 사람들을 많이 만나게 됩니다. 서로를 알아본 그들은 하나로 뭉치게 되죠. 집단이 되는 겁니다. 그 집단은 점점 커집니다. 혼자만의 WHY라고 생각했던 사람들이 점차 찾아오니까요. 그러다 보면 어느새 나만의 'WHY'가 아닌, 모두의 WHY가 됩니다. 이것이 BIG WHY입니다. 역사적 사명이고요. 그리고 이 마지막 장면은 뒤늦게 각종 교육이나 책에 사례로 실리겠죠. 제일 처음 내가 가졌던 소박한 'WHY'는 조용히 잊힌 채 말입니다.

멋진 사례를 보며 꿈을 꾸고 동기부여 받으세요. 하지만 거기까지입니다. 그들의 사명이 내 사명은 아닙니다. 나는 나대로 걸어가면 됩니다. 그 시작은 내 작은 소망과 욕망이고요. 그게 없이 그저 멋있어 보이는 사명과 WHY를 좇는 순간 내 마음은 공허해집니다. 분명 남들에겐 멋있어 보이고 열정과 자극을 심어주는 것 같지만, 막상 내 마음은 차갑게 식어갑니다. 결국 무너지게 되고요. 그 모습을 보며 누군가는 초심을

꿈 따위는 없어도 됩니다

잃었다고 말할 수 있습니다. 하지만 실제로는 초심을 잃은 게 아니죠. 애초에 초심이 없었으니까요.

●남의 공식은 정답이 아니다●

**남의 공식이 나에겐
공식이 아닐 수도 있다**

각종 성공 사례가 넘치는
요즘입니다. 각 분야에서
성과를 이루도록 하는 몇 가지 법칙 시리즈도 많고요. 그런데
그 법칙을 따르면 진짜 그대로 성공한다는 보장이 있을까요.
아닙니다. 누구나 똑같은 방식으로 똑같은 결과를 얻기에는
우리 현실 속 변수가 너무 많습니다. 사람의 특성과 그 사람이
처한 환경도 다르고, 하고자 하는 일의 특성과 분야도 다릅니
다. 같은 분야일지라도 시대적 상황이 다르고요. 그리고 대부

분의 성공 법칙은 성공이라는 결과가 다 나오고 나서야 과거를 돌이켜보면서 쓴 것입니다. 성공 법칙이라기보다는 성공 사례일 확률이 높습니다. 좀 더 빈도가 높은 패턴들을 나열한 것이죠.

인생에 정답이란 없습니다. 정답이 없으니 공식도 없고요. 따라서 남의 공식이 나에겐 공식이 아닐 수도 있습니다. 나와 남은 분명 다릅니다. 그러니 남의 공식은 참고만 하세요. 남의 경험과 법칙이 의미가 없다는 게 아닙니다. 정말 값진 지식이나 지혜죠. 다만 그것을 절대 불변의 정답으로 여기고 맹목적으로 따르지는 말자는 겁니다. 나의 성공을 위한 아이디어 정도로만 받아들이면 됩니다. 그게 다른 사람의 지식과 지혜를 값지게 활용하는 방법입니다.

외부로부터의 변화는 내 것이 아니다

모든 변화의 시작은 현재의 나입니다. 여기서 모든 것이 출발합니다. 우선 내 상태를 관찰해보세요. 마음에 들지 않는 모습이 보일 수도 있을 겁니다. 찌질해 보이나요? 괜찮습니다. 그냥 인정하세요. 다만 비난하거나 자괴감에 빠지진 마세요. 그냥 있는 그대로 인정하는 겁니다. 미술관에 갔는데 그다지 마음에 들지 않는 그림이 있어요. 그럼 그 그림을 욕하고 부정하고 그림을 내려달라고 떼를 쓰나요. 아니죠. 그냥 저런 게 있구나 하고 넘어가죠. 마찬가지입니다. 그냥 내 모습이 이렇구나 하고 그다음을 생각하면 됩니다. 변화를 두려워하는 모습이 보여도 그냥 그렇구나 하고 인정하세요. 변화를 두려워하는 모습에서 변화를 시작하면 되니까요.

남들이 말하는 성공 법칙, 남들이 정해놓은 정답, 타인의 공식을 살펴보세요. 그 안에서 현재 나에게 적용해볼 만한 아이디어가 뭔지 골라내세요. 남들이 정답이라고 해서 그걸 전부 정답으로 여길 필요는 없습니다. 마음속으로부터 끌리지도 않으면서 그저 남들이 하라고 하니 마지못해 할 필요는 없습니다. 찜찜하고 불편한 속마음을 일부러 감추고 남들을 따라갈 필요는 없습니다. 그렇게만 살면 내가 내 삶의 주도성을 잃게 되고, 좋은 결과를 얻기도 어렵습니다.

변화는 내가 주도해야 합니다. 외부의 힘을 빌려 얻은 변화는 결국 외부의 상황에 따라 흔들리게 마련입니다. 그러니 지금 현재의 나를 있는 그대로 인정하고, 주도적으로 자신의 길을 걸어가세요. 어떤 상황이 펼쳐질지는 모르지만 그 상황에서 내가 어떤 태도를 취할 것인지는 스스로 선택할 수 있습니다. 그렇게 한 발 한 발 나아가는 것이 나답게 살아가는 과정입니다.

끌리면 끌리는 대로,
관심이 가면 관심이 가는 대로
일단 해보는 겁니다.

Q2

지금 나는
나를 괴롭히고 있는가?

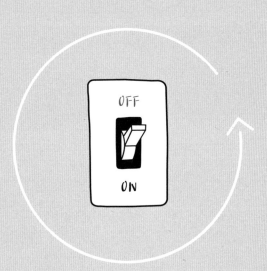

● 나와의 싸움은 이겨도 지는 것이다 ●

자기 관리는
자기 통제가 아니다

'나는 남들과 싸우지 않는다. 오로지 나 자신과의 싸움에 집중한다.' '나와의 싸움에서 승리하자 결국 성공했다.'

이런 말들은 참 감동적입니다. 이런 말에 영향받아 열정을 불태우고 긍정적인 자극을 받는 건 좋습니다. 하지만 자신을 그저 싸움의 대상으로 보는 것은 문제가 있습니다. 자신과의 싸움에서 이긴다고 합시다. 이기는 건 좋죠. 그럼 지는 건 누구죠. 그것 역시 나 아닌가요?

우리는 자신을 관리하려 합니다. 필요한 일이죠. 하지만 자기 관리를 오해하는 게 문제입니다. 자신의 몸과 마음을 열심히 통제하고 욕구를 억제하려 합니다. 스스로를 감정도 없는 기계로 만들려고 노력하고, 한 치의 벗어남 없이 정해진 길을 가기 위해 애를 씁니다. 그리고 그런 사람들을 보면 자기 관리를 잘한다고 칭송하고요.

하지만 그런 자기 관리는 우리의 내면을 피폐하게 만듭니다. 당장은 주어진 시간 동안 더 많은 일을 해내고, 효율적인 삶을 사는 것처럼 보일 수 있습니다. 하지만 오래가지 못합니다. 마음이 지치거든요. 내면이 곪아 들어갑니다. 사람은 기계가 아닙니다. 논리적인 판단과 물리적인 공식처럼 움직이지 않습니다. 지극히 감정적으로 움직이고서는 뒤늦게 그 감정을 이성적으로 설명하려는 게 사람입니다. 그런 나 자신을 관리하려고만 들면 지치는 것은 당연합니다. 생각대로 되지 않는 나 자신을 보며 또다시 자괴감에 빠지게 될 테고요. 설령 그렇게 관리를 잘 한다고 쳐도 그렇게 관리당한 나는 행복할까요? 관리한 나도 당장은 성취감을 느낄지 모르지만 결국엔 지치지 않을까요? 우리가 이토록 열심히 노력하는 건 결국 행복하게 살기 위해서입니다. 재밌게도 우리는 그 행복한 삶을 살기 위해 이토록 스스로를 억압하고 통제하고 관리하는 과

정을 선택합니다. 아이러니한 일입니다. 이런 게 진짜 자기계
발이라면 말이에요.

목숨 걸고 하는 사람이 불행한 이유

**죽을 만큼 노력하지 말고,
죽기 싫을 만큼 즐겁게 하라**

목숨 걸고 노력해 성 공했다는 말에 동기 부여를 받았습니다. 죽을 각오로 하는 것도 모자라 죽으려고 했다는 말까지 들었습니다. 감동적이었습니다. 그 의지와 뜻 이 얼마나 멋진가요. 하지만 딱 거기까지입니다. 그런 이야기 를 들으며 동기부여 받는 것에서 그치는 게 좋습니다. 그런 마 음과 각오로 이루는 성공은 어느새 한계에 부딪히기 때문입 니다. 사람은 성장하며 자신만의 세계관과 프로세스를 만듭

꿈 따위는 없어도 됩니다

니다. 세계관을 만들어야 내가 살아가는 삶을 이해할 수 있고, 프로세스를 만들어야 같은 일을 좀 더 쉽게 처리할 수 있기 때문입니다. 살면서 무언가 성취했던 경험이 있다면 이를 당연히 자신만의 세계관과 프로세스에 반영하게 됩니다. 그래야 다음에 좀 더 무언가를 쉽게 성취할 수 있고 안전과 풍요를 누릴 수 있을 테니까요.

그럼 죽을 각오로 목숨 걸고 노력해서 성공했을 땐 어떤 결과가 생길까요. 그다음에 성공하려면 또 죽을 각오로 목숨을 걸어야 합니다. 뭔가를 이루기 위해서는 그만큼 필요 이상의 노력을 쏟아야 합니다. 그게 내 세계관과 프로세스이기 때문이지요. 더 많은 성공을 원할수록 더 많이 목숨을 걸어야 하고, 더 많은 성취를 경험할수록 더 많은 노력을 죽을 만큼 수행해야 합니다. 화려한 결과가 쌓이고 내 겉모습은 위대해지지만 내면은 지쳐갑니다.

우리는 성실함의 미덕 속에 살고 있습니다. 당연히 성실한건 좋은 겁니다. 성실한 사람들이 무언가를 이룰 확률도 높고요. 하지만 성실에 매몰되어 버리면 삶이 고달파집니다. 누군가 진심 어린 마음으로 건네는 조건 없는 선물조차 받기 어려워하게 됩니다. 목숨을 걸 만큼 성실한 노력을 하지 않고서는 성취할 줄도 모르고요. 행복조차 죽을 각오로 노력해야지만 얻을 수 있는 쟁취의 대상이 됩니다. 그렇게 해서 과연 행복을 얻을 수 있을까요?

목숨을 건다는 건 상당한 각오와 힘이 필요한 일입니다. 누군가 목숨을 걸고 하라고 해서 그렇게 할 수 있는 것도 아니고요. 우리는 단 하루만 사는 게 아닙니다. 일상을 살아가고 있습니다. 사회 구성원으로서 다양한 역할을 맡고 있고요. 매사에 그렇게 목숨을 걸 수도 없는 노릇입니다. 힘을 빼세요. 가볍게 하세요. 목숨 걸 각오가 생길 만큼 힘이 모이기 전에 그냥 해버리세요. 죽을 만큼 노력하지 말고 죽기 싫을 만큼 즐겁게 하세요. 그게 우리가 나아갈 방향입니다.

자기계발에 자기가 없다면?

**누구를 위한
자기계발인가**

사실 목숨 걸고 죽을 만큼 노력이라
도 할 수 있다면 다행입니다. 그 과
정과 경험 속에서 배우고 느끼는 게 있고, 뭐라도 이뤄낼 수
있잖아요. 그런데 대부분은 그렇게 열심히 움직이지도 못합
니다. 여간한 의지로는 할 수 없는 일이거든요. 그런 의지를
가지라고 해서 없던 의지가 갑자기 생기는 것도 아니고요.

열정적인 사람을 보며 열정의 기운을 받는 건 가능합니다.
다만 그렇게 받은 열정은 지속되지 않습니다. 결국엔 내 안에서 나온 열정이 있어야 합니다. 자동점화장치가 망가진 버너에 라이터 불씨를 이용해 순간적으로 불을 지필 수는 있습니다. 하지만 불꽃이 유지되려면 버너 내부에서 나오는 가스가 있어야겠죠. 더 좋은 건 외부 불씨 없이 그냥 스스로 불꽃을 만드는 겁니다. 일본 3대 경영의 신 중 한 명인 교세라 창립자 이나모리 가즈오는 사람을 세 분류로 나눕니다. 스스로 불이 붙는 사람인 자연성 인간, 외부 동기를 받아 불이 붙는 가연성 인간, 아무리 동기 부여해도 불이 붙지 않는 불연성 인간입니다. 당연히 가연성 인간이 좋겠죠.

하지만 아무리 자기계발을 하려고 해도 가연성 인간이 되지 못합니다. 그토록 입에 달고 사는 자기계발에 자기가 없기 때문입니다.

우리는 과연 진짜 자기를 위한 계발을 하고 있을까요? 안타깝게도 자기가 아닌 학교, 회사, 사회를 위한 계발을 합니다. 내 주도성도 없고 끌림과 흥미도 없습니다. '하고 싶다'는 없고 '해야 한다'만 많습니다. 그러니 항상 노력은 하지만 즐겁지 못하고, 달콤한 열매를 쫓지만 퍽퍽하기만 합니다. 그러면서도 이 모든 자기계발 여정을 자기 의지로 스스로 선택했다고 믿고 있죠. 외부에서 만들어놓은 프레임에 갇혀 있는지도 모른 채 말이죠. 자기 관리의 함정도 여기서 시작합니다. 자기가 자기를 관리한다고 믿지만, 실제로는 외부에서 요구하는 대로 자기를 관리하는 겁니다. 외부에서 요구하는 바람직한 인재상, 스펙, 기준을 맞추기 위해 스스로를 통제하는 거죠. 그러니 책임감과 의무감만 있고 설렘과 즐거움이 없는 겁니다. 삶의 주인으로서 스스로를 다독여주고 으쌰으쌰해도 모자랄 판에 자기와 싸울 생각을 하고 있나요? 양손에 쥔 무기를 그만 내려놓으세요. 온몸에 가득 들어간 힘도 빼세요. 이제는 자신과 두 손을 잡고 껴안고 함께 나아갈 때입니다.

관리하지 말고 가꿔보자

표현을 바꿔보세요. 자기를 관리하려 들지 말고 자기를 가꾸는 데 에너지를 써보세요. 더 나아가 자신을 사랑하세요. 자기를 사랑하라는 말은 너무나 흔하지만 과연 어떤 게 자기를 사랑하는 걸까요?

사랑의 시작은 호기심을 갖는 겁니다. 호기심을 갖는다는 건 더 알고 싶은 거고요. 마음에 드는 이성이 생겨도 일단 그 사람에 대해 더 알고 싶어 하잖아요. 바로 그겁니다. 나에 대해 좀 더 알아보는 겁니다. 지금 내 상태가 어떤지, 무슨 생각을 하고 있는지, 어떤 감정을 느끼고 있는지, 나라는 사람은 어떤 특성이 있는지 찬찬히 살펴보는 겁니다. 다른 사람이 나한테 무작정 일을 시키는 게 싫죠? 그렇다면 이제부터는 나 역시 스스로에게 무작정 일을 시키지 마세요. 힘을 빼는 겁니다. 스스로 받아들일 수 없는 열정적인 구호로 자신을 다그치지 말고, 강요된 책임감으로 스스로를 억압하지 마세요. 그런 곳에 사용하기 위해 억지로 쥐어짜내던 힘을 풀어야 더 중요한 일에 사용할 에너지가 생깁니다. 그렇게 되찾은 힘은 나를 사랑하는 일에 먼저 사용해야 하고요. 진정한 자기계발은 여기서 시작됩니다.

가면을 벗으면 가능성이 열린다

불편한 가면은 벗어도 된다

이미 자기가 알고 있는 자신의 모습이 있을 겁니다. 수십 년간 제일 가까이서 살아온 건 자기 자신일 테니까요. 그런데 여기에서 한 번쯤은 자신이 생각하는 나의 모습, '나는 이런 사람이야'라는 고정관념을 내려놓을 필요가 있습니다. '나는 이런 사람이야'라는 정의는 사실 '나는 이래야만 해'에 가깝습니다. 우리는 지금껏 의무감이 넘치는 삶에 익숙해졌거든요. 항상 어떤 역할로서의 책임감을 강요받으며 살아왔거든요. 진짜 본연의 모습을 보이기보다는 주변 사람들이 요구하는 모습에 맞추기 위해 노력해왔습니다. 본능적으로 내가 사랑받을 수 있고 내가 속한 조직에서 버림받지 않는 안전한 방법을 선택한 거죠. 일종의 가면입니다. 가면이 나쁘다는 게 아닙니다. 어릴 적 연약한 나 자신을 보호하기 위해 스스로 만들어낸 일종의 방어막이니까요. 문제는 한 가지 가면에 얽매이고 고착되는 겁니다. 한 가지 가면만이 내 모습인 걸로 착각하면 안 됩니다. 안타깝게도 성실하고 모범적인 삶을 추구한 사람들일수록 그 가면에 고착되는 경향이 있습니다. 아주 열심히 최선을 다해 그 가면을 쓴 채 살아왔기 때문이죠. 그 모습에서 벗어나면 안 된다고 스스로를 다그치며 노력해왔거든요. 내가 지금까지 쓰고 있던 가면을 벗어서 내려놓으세요. 내가 어떤 가면을 쓰고 있는지 알기 위해서는 지금껏 맡았던 역할을 돌이켜보는 게 좋습니다. 그리고 그 역할마다 주어진 의무 사항을 떠올려 보세요.

그냥 내 삶을 살면 된다

'남자는 이래야 한다, 여자는 이래야 한다, 맏이니까 이래야지, 모범적

인 학생은 이렇게 행동해야지, 성공하려면 이렇게 저렇게 행
동해야지…….'

　그런데 스스로에게 한 번 물어보세요. 그렇게 사는 게 과연
좋은 것인지. 그게 과연 정말 내가 바라는 나의 모습인지를요.
당신은 정말로 이렇게 사는 것에 동의하나요? 받아들일 수 없
는, 나를 불편하게 만드는 명제는 이제 과감하게 거부하세요.
내가 쓰고 있는 기존의 가면을 벗어버리는 겁니다. 성실한 사
람이라는 가면, 착한 사람이라는 가면, 분위기 메이커라는 가
면 때문에 스트레스를 받는다면 그냥 벗으면 됩니다. 그때그
때 상황에 따라 맞는 가면을 골라서 바꿔 쓰면 된다는 말입니
다. 직장에서는 이 가면, 가정에서는 이 가면, 연인 앞에서는
이 가면, 혼자 있을 땐 이 가면……. 각각 전혀 다른 모습일 수
있지만 그 모습 하나하나가 다 내 모습입니다. 굳이 어떤 하
나의 모습에 얽매이지 않고 자유롭게 여러 가면을 쓸 수 있을
때 나는 더욱 건강해집니다. '나는 이래야만 해'라는 가면, 틀
을 내려놓으세요. 그 순간부터 나에게는 새로운 가능성이 열
립니다. 나를 구속하고 있던 틀에서 벗어나 새로운 모습의 내
가 될 수 있거든요. 하나의 가면을 지키려고 안간힘을 쓰느라
집중했던 에너지를 다른 데 사용할 수 있거든요. 가능성을 열
어둘수록 여러 가지 기회가 생깁니다. 아니 기회는 원래 있었

는데 내가 문을 열지 않았을 뿐이죠. 이제는 마음껏 문을 열고 그 기회를 이용하는 겁니다. 다양하게 시도해보세요. 도전해보세요. 나도 몰랐던 진짜 나의 강점과 흥미를 찾게 될 겁니다. 남의 시선도 그냥 신경을 끄면 됩니다. 타인의 기대를 저버리지 않으려는 목적으로 스스로를 억제하지도 마세요. 사람들은 생각보다 나에게 관심이 없습니다. 나는 남의 시선을 의식할지 몰라도 막상 남은 나에게 관심이 없어요. 다른 데 보고 있는 걸 혼자 착각하는 겁니다. 그리고 설령 나에게 딴죽을 거는 사람이 있을지라도 그 사람은 나에 대해 잘 몰라요. 나도 나를 몰라서 이토록 고민하고 있는데 그 사람이 나를 알면 얼마나 알겠어요. 잘 모르면서 이야기하는 겁니다. 그러니 괜히 휘둘릴 필요가 없습니다. 사회적으로 지켜야 할 기본 예의만 지키면 됩니다. 그다음은 그냥 내 삶을 살면 돼요.

우리가 이토록 열심히 살려는 이유는 결국 '변화'하고 싶은 욕망 때문입니다. 현재 상태가 만족스럽지 않기 때문에 뭔가 변화를 꿈꾸는 겁니다. 그럼 무엇부터 바꿔야 할까요. 맞습니다. 바로 나부터죠. 우리는 책과 강의에서 그렇게 배웠고, 실제로 그 말이 맞습니다. 모든 것은 나에서 시작합니다. 그래서 우리는 변화를 위해 나 자신을 훈련시키고 억제하고 통제하려 합니다. 그래서 어떻던가요. 잘 되었나요? 아니죠. 매번 그

꿈 따위는 없어도 됩니다

렇게 열심히 노력하지만 생각대로 되지 않죠. 그 노력을 부정하는 게 아닙니다. 그렇게 노력만 하는 것은 한계가 있다는 걸 말하고 싶은 겁니다.

변할 수밖에 없는 환경을 구축하라

그렇게 나부터 바꾸라고 외치는 사람들은 이미 성공한 사람들입니다. 실제로 그들은 자신을 바꿔 성공이라는 결과를 얻었으니까요. 그들은 이미 뜨거운 열정과 강력한 의지가 익숙해진 상태입니다. 그런 상태에서 과거를 돌이켜보며 우리에게 나를 바꿔야 한다고 외치는 거고요.

그런데 과연 그들이 처음부터 강력한 의지를 갖고 있었을까요? 태어날 때부터 열정적이었을까요? 아닙니다. 열정과 의지가 생겨나는 과정을 거쳤을 겁니다. 그걸 무시해서는 안 됩니다.

물론 모든 사람에게는 무한한 가능성과 잠재력이 있습니다. 누구나 충분히 변할 수 있고요. 다만 생각대로 쉽게 바뀌지는 않죠. 만약 한계에 부딪혔다면 계속 나부터 변하자는 말에 취해 자신만 바라보지 말고 주위 환경을 같이 바라보는 게 좋습니다. 사람은 환경에 지대한 영향을 받습니다. '인간은 적응하는 동물이다'라는 표현은 환경에 자신을 맞출 수 있는 사람의 힘을 말하는 것이기도 하지만, 사람을 변화시키는 환경의 힘을 말하기도 합니다. 따라서 내가 변할 수밖에 없도록 내주위 환경과 시스템을 구축하는 것이 좀 더 현명한 자기 변화방법입니다.

지금 당신 곁에는 어떤 사람이 있나요?

**뒷담화는 변화에
도움이 안 된다**

환경에는 여러 가지가 있습니다.

그중 사람에게 가장 많은 영향

을 주는 건 역시 사람입니다. 지금 당신 곁에는 어떤 사람들이

있나요? 목표 의식을 갖고 활력 있게 살아가는 사람들인가요,

아니면 내 의지를 꺾어버리는 사람들인가요? 꿈과 도전을 이

야기하는 사람들인가요, 불만과 비난을 쏟아내는 사람들인가

요? 함께하는 사람의 감정, 마음, 상태는 나에게도 많은 영향

을 줍니다. 집단으로 확장된다면 내가 받는 영향은 더욱 커지

겠죠. 그 영향을 개인의 의지로 이겨내기란 쉽지 않습니다. 매사에 부정적인 사람들에 둘러싸여 있으면서 나 홀로 긍정적이기는 너무나 힘든 일입니다.

직장인들이 변하기 힘든 이유도 바로 여기에 있습니다. 직장 동료들이 나쁘다는 게 아닙니다. 구조상 변화를 위한 활력을 얻기가 쉽지 않다는 거예요. 직장인들이 가장 많은 대화를 나누는 사람은 역시 직장 동료들입니다. 가족과 보내는 시간보다 더 많은 시간을 함께하죠.

그들과 소통할 수 있는 시간이 주로 언제일까요? 식사 시간 혹은 회식, 술자리 등이죠. 그럴 때 주로 어떤 이야기를 할까요? 또 업무 얘기를 하게 됩니다. 아니면 업무를 하며 힘든 이야기, 날 힘들게 하는 사람 이야기, 여러 가지 걱정들을 나누죠. 그렇게라도 털어놔야 스트레스를 풀 수 있으니까요. 그렇게라도 속마음을 털어놓지 않으면 너무 힘드니까요. 누군가를 욕하기도 합니다. 그래야 내 마음을 위로받을 수 있으니까요. 내가 얼마나 힘든지, 무엇 때문에 짜증이 나는지, 누가 날 힘들게 하는지 털어놓습니다. 그래야 내 마음이 풀리고 살 수 있으니까요. 혼자 끙끙 앓기만 하면 병이 생깁니다.

하지만 개인의 생존을 위한 행동이 전체의 행복을 보장하진 않습니다. 하루 종일 함께해야 하는 직장 동료들과의 공통

꿈 따위는 없어도 됩니다

관심사는 회사밖에 없으니 계속 회사 이야기밖에 할 게 없습니다. 일 때문에 받는 스트레스가 크다 보니 매번 모였을 땐 힘들고 짜증 나고 답답한 이야기들이 나오게 마련입니다. 물론 그러면서 동료애가 생기지만, 그것이 새로운 변화를 가져다주지는 못합니다. 이렇게 한정된 인간관계가 당신에게 어떤 영향을 줄까요? 매번 같은 '인풋'이 반복되는데, 색다른 '아웃풋'이 나올 수 있을까요? 이런 인간관계만 갖다 보면 나의 반복되는 일상에 에너지가 매몰돼 버립니다. 새로운 관점, 새로운 기회, 새로운 목표를 갖기 어렵습니다. 아무리 대화를 나눠도 내가 갖고 있는 틀을 개선하는 정도지, 그 틀을 벗어날 정도의 힘을 받기도 어렵습니다. 그 상태에서 나를 변화시키려고 해봤자 잘되지 않습니다. 아무리 애를 써도 변화할 수 없는 스스로를 보며 한탄만 하게 되고요. 회사 일과 회사 사람들을 배척하라는 말이 아닙니다. 그들을 변화시키라는 것도 아닙니다. 균형을 맞추는 게 필요합니다. 회사 밖으로도 시선을 돌려야 합니다. 가장 좋은 건 새로운 사람들을 만나보는 겁니다. 그것도 가급적 서로의 꿈을 편견 없이 응원해줄 수 있는 사람들을 말입니다. 꿈이 없어도 괜찮습니다. 함께 꿈을 찾아갈 마음이 있는 사람들, 그 과정에서 서로를 지켜봐주고 박수쳐줄 수 있는 사람들이면 됩니다. 그런 사람들과 함께하다 보

면 나도 모르게 새로운 활력과 에너지를 얻게 됩니다. 상대방
역시 마찬가지고요.

나에게 활력을 주는 사람을 만나라

재밌는 건 그 사람도 다른 어떤 곳에서는 당신과 똑같은
직장인이라는 겁니다. 다만 회사 사람들과 달리 모인 목적이
다르고, 이해관계가 없다는 차이점이 있습니다. 회사 안에서
업무 외적인 이야기를 하면 '일 안 하고 딴마음 품고 있는 거
아니냐'며 의심하는 사람이 있을 수 있습니다. 하지만 회사 밖
에서 갖는 만남에서는 그런 걱정을 하지 않아도 됩니다. 이해
관계자가 아니니 의심할 필요가 없거든요. 게다가 굳이 시간
을 내서 자발적으로 모이는 사람들은 그만큼 마음이 열려 있
고 용기와 좋은 에너지를 갖고 있을 확률이 높습니다. 서로 입
장도 비슷할 테고요.

무언가를 배우는 공간을 찾아가도 좋고, 아니면 자기계발
모임을 찾아가는 것도 좋습니다. 자기가 원하는 형태로 직접
모임의 장을 만들어도 좋겠죠. 그렇게 만난 사람들과 각자의
목표와 계획에 대해 이야기해보고, 내가 전혀 모르는 분야에

대해서도 들어보시기 바랍니다.

함께 새로운 뭔가를 도전해보는 것도 좋습니다. 그러면 점차 삶을 바라보는 관점이 넓어지고 나도 뭔가 해볼 수 있다는 용기가 생깁니다. 내 가능성과 기회의 범위가 넓어지고, 결국 삶이 바뀌기 시작합니다. 무언가 삶이 답답하다고 느끼지만 매번 같은 곳을 왔다 갔다 하며 같은 사람들과 같은 이야기만 하고 있지 않나요? 그 안에서 매번 같은 목표와 계획을 세우고 같은 실수를 반복하며 나의 의지력을 탓하고 있지 않나요? 그렇다면 당신의 환경에 변화를 주세요. 특히 만나는 사람을 바꿔보세요.

자기계발 모임이든 독서 모임이든, 아니면 강의든 학원이든 뭔가를 배우고 성장하기를 원하는 사람들이 모여 있는 곳에 찾아가보세요. 그들과 함께 꿈과 목표, 계획에 대해 이야기하고 서로를 응원해주세요. 혼자 가만히 있는 사람에겐 변화의 기회가 찾아오지 않습니다.

다른 사람이 나한테 무작정 일을 시키는 게 싫죠?
그렇다면 이제부터는 나 역시
스스로에게 무작정 일을 시키지 마세요.
그냥 힘을 빼는 겁니다.

Q3

왜 꿈은
꼭 직업이어야 할까?

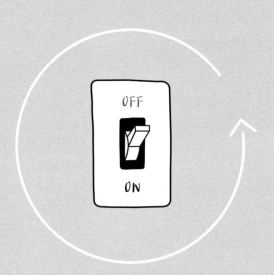

꿈은 없어도 됩니다

직업이 꿈일 필요는 없다

다들 꿈을 가지라고 말합니다. 꿈이 없는 인생은 죽은 것과 마찬가지라는 직구를 던지기도 하고요. 그런데 아쉽지만 대부분의 사람은 꿈이 없습니다. 누군가 당신에게 꿈을 가지라고 조언한다고 해서 갑자기 꿈이 생기던가요? 내 꿈은 내가 꾸는 거지, 남이 시킨다고 갑자기 생기는 게 아닙니다. 그렇기 때문에 꿈이 없는 사람들이 더욱 비참해지기도 합니다. 꿈이 필수라고 말하는 사회에서 나만 꿈이 없는 것처럼 느껴지니 비참할 수밖에 없습니다.

'저는 꿈이 없어요'라며 한숨 섞인 탄식을 내뱉는 분들에게 말하고 싶습니다. 또 꿈을 가지라고 꿈을 강요하는 분들에게도 마찬가지고요. 꼭 직업을 꿈으로 삼을 필요는 없습니다. 대부분 '꿈=천직'이라 생각합니다. 천직은 '하늘이 내린 직업'을 의미하니, '꿈=직업'이라는 틀에 갇히게 됩니다. 그러니 하나의 단어로 표현할 수 있는 직업 안에서만 꿈을 찾으려 합니다. 그런 방법으로는 진짜 내 꿈을 찾기 어려울 겁니다. 세상엔 많은 직업이 있고 그 형태도 천차만별이지만, 그렇게 선택하는 꿈은 어디까지나 맞춤복이 아닌 기성복과 같으니까요. 내 몸에 완전히 맞는 옷이 아닌, 어느 정도 생활하는 데 큰 문제없는 옷을 입는 것과 같습니다.

꿈은 거창하지 않아도 된다

그리고 꿈이 꼭 사람들에게 감동을 주는 어마어마한 사건일 필요도 없습니다. "제 꿈은 이런 거예요"라고 말했을 때, 사람들로부터 '우와, 멋지다'라는 말을 들으려고 억지로 힘을 짜내지 않아도 됩니다. 그런 포장된 꿈을 만들어봤자 내 마음에 설렘이 없습니다. 설렘이 없는 꿈이 무슨 소용일까요. 내 마음을 가볍게 하세요. 거창한 것은 필요 없습니다. 그냥 내가 재밌고 즐겁고 생각만 해도 힘이 나면 뭐라도 좋습니다. 꿈은 얼마나 크냐보다 얼마나 설레느냐가 중요합니다.

우리는 원대한 꿈을 꾸라는 말을 듣고 자랍니다. 특히 청춘을 대상으로 하는 강연에서 이런 말은 빠지지 않습니다. 그런데 지금은 나이와 상관없이 모두가 원대한 꿈을 꿔야 하는 시대가 됐습니다. 노인이라고 불릴 나이에도 꿈을 실현한 사례가 많아졌기 때문이죠.

원대한 꿈. 좋습니다. 저 역시 그런 꿈을 갖고 있고, 그런 꿈을 포기하지 않고 착실하게 나아가는 사람들을 보며 열정을 불태웠습니다. 그런데 꿈이 너무 거대하기에 오히려 아무런 행동도 하지 못하기도 합니다. 현재 자기 모습과 꿈 사이의 괴리감이 너무 크기 때문이죠. 너무 초라한 내 모습이 거대한 꿈에 눌려버리면 당장 뭐부터 시작해야 할지 감이 오지 않습니다. 괜히 부담감만 갖게 되고요.

만약 당신이 이런 꿈을 갖고 있다면 과감하게 버리시길 바랍니다. 내 발목을 잡는 것이 꿈이라면 버리는 게 맞습니다. 나를 위해 꿈이 있는 거지, 꿈을 위해 내가 있는 게 아니니까요. 주객이 전도되어선 안 됩니다. 그럼에도 꿈을 버릴 수 없다면 대신 쪼개세요. 내가 소화할 수 있도록 잘게 잘게 쪼개야 합니다. 그러고 나서 당장 할 수 있는 일부터 시작하세요. 그러면서 차츰 내공을 쌓고 몸집을 키우면 됩니다. 더 시간이 흐르면서 차례차례 더 큰 꿈을 이뤄나가면 됩니다.

● 내가 좋아하는 게 뭔지 모르겠다는 당신에게 ●

어쩌다 내가 뭘 좋아하는지도 모르게 되었을까

'좋아하는 일을 하세요.'

'가슴 뛰는 일을 하세요.'

'당신의 꿈을 따르세요.'

이런 말들의 홍수 속에서 내가 좋아하는 게 뭔지 모르겠다는 사람이 있습니다. 결론부터 말씀드릴게요. 자기가 뭘 좋아하는지 모르는 사람은 수두룩합니다. 가슴 뛰는 일을 하고 싶어도 뭐에 내 가슴이 뛰는지를 잘 몰라요. 왜? 자기가 뭘 좋아하는지 느끼는 감각 자체가 무뎌졌거든요. 그 상태에서 갑자기 좋아하는 일을 찾으라고 하니 알 수 없는 게 당연합니다. 무언가를 좋아한다는 건 '사고'가 아닌 '감각'입니다. 누군가를 좋아할 때도 사실적 근거를 두고 객관적으로 평가한 뒤 논리적으로 납득이 되었을 때 좋아하는 게 아니라 '그냥' 좋은 거잖아요. 감각 자체가 무뎌져 있는 상태에서는 아무리 뭘 좋아하는지 고민해봤자 머리만 아플 뿐입니다. 생각이 깊어지면 괜히 우울한 감정만 들고요.

이렇게 감각이 무뎌진 건 매번 참고 인내하며 억제하라는 교육을 받으면서 그렇게 행동하는 것에 익숙해졌기 때문입니다. 내 감정과 욕구를 억압하거나 회피하는 걸 미덕으로 여겼으니 당연히 내가 뭘 좋아하는지 모를 수밖에요. 그럼 끝인가요. 아니죠. 다시 감각을 살려야죠. 아쉬워만 하고 외부에 핑계만 둔다면 바뀌는 건 없습니다. 내 인생입니다. 그러니 내가 다시 만들어가면 됩니다.

할 수 있는 작은 일부터
시작하라

종이 한 장을 꺼내세요. 그 냥 무언가를 적을 수 있는 수단이면 뭐든 상관없습니다. 여기에 해보고 싶은 일을 하나 씩 적어보세요. 생각나는 대로 다 적어보세요. 강점을 적어나 갈 때와 마찬가지입니다. 기준을 낮추세요. 이래도 되나 싶을 정도로 기준을 확 낮추세요. 보통 사람들이 갖고 있는 '좋아 한다'의 기준은 너무 높습니다, 멘토들이 하는 '가슴이 뛰는', '생각만 해도 설레는' 등의 표현에 얽매이는 거죠.

왠지 모르겠지만 그냥 떠오르는 일, 남들이 하는 걸 보니 좋 아 보였던 일, 우연히 눈길이 갔던 일, 시간 보내려고 SNS를 하다가 눈길이 갔던 일, 어릴 적에 단 한 번이라도 '해보면 어 떨까' 싶었던 일, 이런 걸 하면 어떨까 한 번이라도 상상했던 일, 갖고 싶은 것, 되고 싶은 나의 모습……. 그런 것을 생각나 는 대로 다 적어보세요.

그래도 도저히 떠오르는 게 없다면 자신의 모든 기록을 살 펴보세요. 특히 구독해놓은 SNS 페이지, 즐겨찾기 해놓은 홈 페이지, 주로 방문하는 블로그나 커뮤니티, 집에 소장하고 있 는 도서 목록 등은 좋은 참고 자료가 됩니다. 그 안에는 내 관 심사, 흥밋거리, 좋아하는 일이 담겨 있거든요.

처음에는 몇 가지 못 적을 수도 있습니다. 당연합니다. 아직 감각이 덜 깨었으니까요. 그럼 시간을 두고 조금씩 작성해보세요. 제 경우 평일에는 일에 지쳐 여력이 안 났습니다. 대신 컨디션이 좋은 매주 일요일로 일정을 정해 리스트를 작성했습니다. 그렇게 시간을 두고 반복하니 생각 이상으로 꽤 많은 일들을 적을 수 있었습니다. 나중에 작성한 리스트를 보니 제가 봐도 신기하고 어색한 것들도 나왔습니다. 그냥 머리로만 생각했을 땐 나오지 않던 일들이었죠. 조금씩 감각이 살아나고 있다는 증거였습니다.

어느 정도 리스트를 완성했다면 이제 남은 건 실행입니다. 다만 여기서 중요한 게 있습니다. 작은 일부터 시작하는 겁니다. '유럽 여행'이 리스트에 있다고 칩시다. 당장 유럽 여행을 갈 수가 없죠. 시간도 제한이 있고 돈도 부담되고요. 그럼 못 하게 됩니다. 그냥 리스트에 남기기만 하고 끝나는 거죠. 너무 목표가 크면 시작하기가 힘듭니다. 그러니 지금 당장 시작해도 될 만큼 작게 만들어야 합니다. '유럽 여행'의 특성을 축소해보세요. '국내 여행', '유럽 여행 커뮤니티 활동', '유럽 여행 관련 다큐멘터리 보기' 등으로 말이에요. 그렇게 잘게 쪼개놓으면 지금 당장이라도 충분히 시작할 수 있습니다. 그렇게라도 일단 해봐야 합니다. 머리로만 생각하는 건 이제 그만두고

꿈 따위는 없어도 됩니다

몸으로 느껴봐야 합니다. 그래야 내 감각이 살아나기 시작하고 뭐라도 얻을 수 있습니다.

행동으로 옮기느냐, 그렇지 않느냐의 차이

하나씩 실행하는 과정을 기록으로 남기면 더욱 좋습니다. 일기도 마찬가지지만 대부분 기록이라고 하면 내가 어떤 일을 했는지 객관적 사실에만 초점을 두려 합니다. 우리에게 필요한 건 보도자료가 아닙니다. 놓치지 말아야 하는 건 '내 감정과 생각'입니다. 무언가를 할 때 내 감정 상태는 어땠는지, 어떤 생각들이 떠올랐는지를 함께 적으세요. 어떠한 감정이나 생각이 떠오르든 판단하거나 부정하지 말고 그냥 있는 그대로 적어보세요. 리스트 속 항목들을 실제로 실행하는 것 자체로도 우리 감각은 살아납니다. 하지만 기록을 하면 그 과정이 더 강화됩니다. 기록을 하는 과정에서 나를 관찰하게 되고, 또 하나씩 쌓아놓은 기록 자체가 나를 돌아보게 하는 수단이 되거든요.

방법 자체가 어려운 건 아닙니다. 특별한 양식이나 절차가 있는 것도 아닙니다. 누구나 다 할 수 있고, 실행했을 땐 그만큼 얻는 게 있습니다. 단지 이 글을 보고 '실제로 하는 사람'이 있는 반면, '뭐 특별한 방법은 아니네'라고 넘어가는 사람이 있을 뿐입니다. 행동으로 옮겨 자기 것을 만드는 사람과, 눈으로 보고 머리로 이해한 뒤 잊어버리는 사람이 있을 뿐입니다. 제 경우 항상 후자였습니다. 그러면서 계속 새로운 비법을 찾아다녔죠. 안타깝게도 계속 그렇게 시간만 흘렀습니다. 그러던 어느 날 '이제는 더 이상 안 되겠다' 싶어 바로 메모지를 꺼내 작성하고 실행했습니다. 그때부터 진짜 변화가 시작되었습니다. 그냥 힘을 빼고 가볍게 한 번 실천해보시길 바랍니다. 자기 자신을 위해.

꿈 따위는 없어도 됩니다

꿈은 직업이 아니라 라이프스타일이다

**내가 상상하는
5년 뒤 나의 하루**

나를 옭아매는, 사회가 요구하는
꿈이 아니라 진짜 나를 설레게
하는 꿈을 갖고 싶나요? 단번에 꿈을 가질 수 있는 비법을 알
려드리겠습니다. 우선 앞서 이야기한 것처럼 꿈을 하나의 직
업으로 규정하진 마세요. 꿈이라는 단어조차 잠시 내려두세
요. 그리고 지금 제가 말하는 대로 실천해보세요.

편안한 자리에 앉습니다. 신선한 공기가 코안으로 들어와
배 아래쪽 단전까지 내려가는 걸 느껴보세요. 그리고 탁한 공

기가 다시 밖으로 나가는 것도 느껴보시고요. 그렇게 자신의 들숨과 날숨을 반복해서 느껴보세요. 목과 어깨에 들어간 힘을 천천히 빼보세요. 몸 전체가 의자에 완전히 달라붙는 느낌이 들 정도로요. 대신 허리만 곧게 펴주면 됩니다. 이제 조용히 눈을 감고 상상하는 겁니다. 5년 혹은 10년 뒤 하루를요. 그대신 조건이 있습니다. 지금 여러분에겐 돈, 능력 등에 아무런 제한이 없습니다. 내가 하고 싶은 걸 다 할 수가 있는 거예요. 아침에 일어날 때부터 저녁에 잠들 때까지 내 하루를 내가 원하는 대로 완벽하게 설계할 수 있습니다. 아침에 일어났을 때 주변 환경은 어떤가요? 당신 옆에는 누가 있나요? 어떤 음식을 먹고 어떤 대화를 나누며 하루를 시작하나요? 어떤 복장으로 집을 나서고 무슨 일을 하나요? 누구와 함께 어떤 표정으로 일하나요? 내가 하는 일에 대한 사람들의 반응은 어떤가요? 집으로 돌아왔을 땐 무엇을 하면서 어떻게 하루를 마감하나요?

일어났을 때부터 잠들 때까지 벌어지는 하루 일상을 영화 속 장면처럼 그려보세요. 내가 상상하는 가장 완벽한 하루를요. 또 한 가지 조건이 있습니다. 반드시 일은 하고 있어야 합니다. 대신 일의 형태, 종류, 근무지 등은 마음껏 정하세요. 구체적이면 좋습니다. 그리고 이 상상 안에는 내가 들어 있어야

꿈 따위는 없어도 됩니다

합니다. 나라는 주인공이 이 영화 속에서 어떤 삶을 살고 있는지 생생하게 그려보세요. 여러분은 감독이자 주인공이 되는 겁니다. 마음껏 하루를 상상한 뒤 눈을 뜨면 됩니다. 여기까지 읽었다면 그냥 다음으로 넘어가지 말고 일단 한 번 실행해보세요.

꿈은 직업이 아닌 라이프스타일이다

어떤가요. 상상을 하면서 입가에 절로 미소가 지어지나요? 즐거운 마음이 드나요? 그렇게 될 수만 있다면 좋겠고 진정으로 행복할 것 같나요? 그럼 됐습니다. 상상만으로도 즐거울 수 있다면, 그 삶이 구체적으로 그려질 수 있다면 충분합니다. 이제부터 그 완벽한 하루를 자신의 꿈으로 삼으세요. 하나의 직업을 꿈으로 삼는 게 아니라, 내가 상상한 완벽한 하루 전체를 꿈으로 삼으세요. 꿈을 갖기가 좀 더 쉽죠? 물론 처음에는 시나리오가 엉성할 겁니다. 모든 걸 디테일하게 상상할 수도 없고요. 괜찮습니다. 한 번 상상했다고 끝이 아닙니다. 수시로 업데이트하면 됩니다. 대신 꼭 상상만으로도 내가 즐거운 하루인 게 중요합니다. 이렇게 완벽한 하루를 상상하면 누구나 꿈을 가질 수 있습니다. 이때의 꿈은 직업이 아니라 라이프스타일입니다.

위인전에서 본 꿈은 내려놓으세요

많은 사람들이 꿈이라는 단어 자체에 압도당하고는 합니다. 어렸을 때부터 꿈은 뭔가 거창한 것이라고 학습받았기 때문이죠. 우리는 꿈을 가지라는 이야기는 많이 들었지만, 도대체 그 꿈이 뭔지는 제대로 배워본 적이 없습니다.

어릴 적 장래 희망은 그냥 직업일 뿐이었습니다. 학생기록부에 기록되거나, 혹은 숙제처럼 의무적으로 제출하던 게 꿈이었습니다. 그러니 꿈이라는 개념에 고정관념이 생겼고, 그러다 보니 꿈에 각종 제한 조건과 틀이 생겨버린 겁니다. 내가 상상한 완벽한 하루가 사소하고 평범해도 상관없습니다. 지금 알고 있는 직업의 형태와 달라도 괜찮습니다. 그저 내가 행복할 수 있는 상상이라면 충분합니다.

당연히 지역 사회에 이바지하고 인류 발전에 기여하는 거창한 꿈이 아니어도 상관없습니다. 지극히 개인적인 꿈이면 됩니다. 위인전에서 본 듯한 스케일의 꿈은 내려놓으세요. 온전히 나를 위한 꿈을 꾸세요. 그리고 그 꿈이 현실이 될 수 있도록 작은 것부터 바꿔나가세요. 지금 여기에서 하나씩 하나씩 이뤄가세요. 그럼 됩니다. 꿈을 너무 어렵게 생각하지 마세요. 지금 이 순간부터 여러분은 자신의 꿈길을 걷고, 꿈을 달성해가고 있는 겁니다.

일상이 행복하다면 당신은 이미 행복하다

내가 상상하는 완벽한 하루

우리는 행복한 삶을 살려고 합니다. 자기계발에 힘쓰는 것도, 꿈을 갖고 싶은 것도, 자신을 제대로 알고 싶은 것도 결국 행복해지고 싶은 욕구와 맞물립니다. 그렇다면 행복의 특성을 알고 넘어가야 합니다. 행복은 강도보다 빈도입니다. 행복은 사건보다 일상입니다. 교감 신경을 자극하는 강렬한 사건이 가져다준 행복은 오래가지 못합니다. 그보다는 일상 속에서 작지만 소소한 행복을 자주 느끼는 게 중요합니다. 남들이 봤을 때는 사회

꿈 따위는 없어도 됩니다

적으로 엄청난 성공을 이뤘지만 본인은 불행하다고 속내를 털어놓는 사람들이 있습니다. 돈도 많고 좋은 집과 차도 있고 높은 지위도 얻었고 유명해졌지만 삶을 포기하고 싶은 생각까지 합니다. 그것이 행복의 특성입니다. 아무리 대단한 무언가를 추구하고 달성해도, 일상이 무너져버리면 사람은 불행에 휩싸이게 됩니다. 성공했지만 일상이 무너진 삶을 행복하다고 말할 수 있을까요?

꿈을 직업으로 생각하지 말자는 것은 이 때문입니다. 직업이 곧 꿈이라면, 그 직업을 얻기만 하면 행복한 일상이 펼쳐지는 것일까요? 과연 강도보다 빈도라는 특성을 가진 행복을 얼마나 자주 느낄 수 있을까요? 꿈으로 삼았던 직업을 갖게 돼도 막상 그 일이 내가 원하던 것과는 전혀 다를 수도 있습니다. 직접 그 직업으로 일상을 살아보지 않으면 실상을 알지 못합니다. 우리가 알고 있는 것은 직업의 겉모습과 이미지가 대부분이니까요. 나의 완벽한 하루를 상상해보는 건 여러분이 진짜로 행복할 수 있는 삶을 설계하는 데 도움이 됩니다. 하루를 설계할 때는 철저하게 일상의 모습을 그려야 하기 때문이죠.

아침에 일어나서 잠자리에 들기까지, 하루라는 시간 속에 내가 행복을 느끼는 삶 전체가 녹아들어가 있거든요. 강도보다 빈도, 사건보다 일상을 바라보는 겁니다. 그러니 꼭 특정 직업에만 얽매이지 말고 내 일상을 설계해보시길 바랍니다.

지금 당장 할 수 있는 일

완벽한 하루를 상상하다 보면 재미난 사실을 한 가지 알게 됩니다. 곰곰이 살펴보면 생각보다 꽤 많은 일을 지금 당장 할 수 있다는 겁니다. 비록 돈과 능력 등에 아무런 제한 없는 하루를 상상했을지라도, 하나씩 따져보면 이미 내가 하고 있거나 지금이라도 내가 충분히 할 수 있는 일들이 많습니다. 특별히 시간을 들이거나 돈을 투자하지 않고도 현실로 만들 수 있는 요소들이 있습니다. 똑같지는 않더라도 비슷하게 실행해볼 수 있는 일들도 많고요. 제 경우 아침에 일찍 일어나 창가에서 여유롭게 차 한 잔을 마시고, 조용히 책상에 앉아 건강한 음식을 먹으며 창의적인 일을 하는 모습을 상상했습니다. 물론 상상 속 배경이 되는 집과 현재 제가 살고 있는 집은 다릅니다. 하지만 앞서 말씀드린 상상 속 행동은 지금 당장이라도 충분히 할 수 있더군요. 딱히 미룰 이유가 없었습니다. 그냥 다음날 아침부터 바로 했습니다. 그러니 기분도 좋고 활력이 생겼습

니다. 그 순간만큼은 내가 상상할 수 있는 완벽한 행복이 현실
이 되어 있었거든요.

지금 해볼 수 있는 일이 보이시나요. 그럼 하세요. 행복을
즐기세요. 지금 바로.

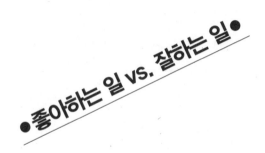

좋아하는 일 vs. 잘하는 일

**당신 마음속에 답은
이미 들어 있다**

희대의 난제입니다. 좋아하
는 일을 해야 할까요, 잘하는
일을 해야 할까요? 첫 직장을 정할 때, 진로에 대한 고민이 깊
을 때, 새로운 미래를 준비할 때 이런 난제에 다시 한 번 빠지
게 됩니다. 실제로 고민 상담 시 많이 받는 질문이기도 하고
요. 도대체 어떤 게 답일까요?

이에 대해선 양측의 주장이 있습니다.

꿈 따위는 없어도 됩니다

A. 좋아하는 일을 하세요.

자신이 좋아하는 일을 해야 합니다. 좋아하는 일을 해야 일이 재밌고, 재밌어야 지속할 수 있고, 지속해야 잘할 수 있습니다. 좋아하는 일을 할 때는 근무시간도 즐거울 수 있고 성과도 더 많이 낼 수 있습니다. 마음에 맞지 않는 일을 억지로 붙잡고 있어봐야 스트레스만 받고 성과도 내기 어렵습니다.

B. 잘하는 일을 하세요.

일과 취미는 다릅니다. 좋아하는 일은 취미로 두세요. 아무리 좋아하는 일도 돈을 받고 하는 일이 되는 순간 예전과 같지 않습니다. 일은 모름지기 잘해야 합니다. 그래야 성과를 낼 수 있고 자신감을 얻을 수 있습니다. 사회에서 인정받을 수도 있고요. 그러다 보면 자연스레 재미도 느낄 수 있습니다.

자, 선택의 순간입니다. 여러분은 어떤 주장을 선택하시겠습니까? 좋아하는 일인가요, 아니면 잘하는 일인가요? 하나를 선택하기가 참 어렵죠. 저 역시 이런 질문을 받을 때마다 대답하기 참 난감합니다. 그럼에도 보통 제 답은 정해져 있습니다.

"무슨 일이든 일단 시작하세요"

둘 중 하나를 선택할 줄 알았는데 그렇지 않아 실망했나요?

하지만 한번 생각해볼 필요가 있습니다. 제가 좋아하는 일을 해야 할까 잘하는 일을 해야 할까 고민하는 분들과 대화를 나누다 보면 느끼는 게 있습니다. 제가 '좋아하는 일을 하세요'라고 말하든 '잘하는 일을 하세요'라고 말하든 큰 의미가 없다는 겁니다. 다른 사람에게서 어떤 대답을 듣든 사실 그걸 질문하는 사람에겐 큰 의미가 없어요. 이미 자신이 원하는 답, 끌리는 답은 정해져 있거든요. 마음속에 이미 정답이 있는 상태에서 상대방이 동의해주길 바라서든, 정말 무엇을 선택해야 할지 확신이 서지 않아서 물어보든, 단지 다른 사람의 의견이 궁금해서 물어보든 상관없습니다. 결국엔 자신이 끌리는 답을 선택하게 되어 있어요. 대부분 그냥 불안하니까 참고용으로 물어보는 정도죠. 게다가 사람마다 상황이 다 다릅니다. 어떤 사람은 선택의 갈림길에서 좋아하는 일을 선택해 일이 잘 풀렸고, 어떤 사람은 잘하는 일을 선택해 일이 잘 풀렸어요. 당연히 본인의 경험에서 우러난 대답을 하겠죠. 각각의 이야기를 듣고도 어떤 사람은 좋아하는 일을 선택해야 잘될 수 있고, 어떤 사람은 잘하는 일을 선택해야 잘될 수 있습니다.

그러니 애초에 어떤 한 가지 답 자체에 절대 우위가 있을 수 없습니다. '그때그때 달라요'가 그나마 정답인 겁니다.

맞는 것을 선택하는 것이 아니라 선택한 것이 맞는 것이다

『여덟 단어』(박웅현 저)라는 책에 이런 말이 나옵니다.

> "모든 선택에는 정답과 오답이 공존합니다. 그러니 어떤 것이 옳은 것인지 고민하지 말고 선택을 해봤으면 합니다. 그리고 그 선택을 옳게 만드는 겁니다. 팁을 하나 드릴게요. 어떤 선택을 하고 그걸 옳게 만드는 과정에서 제일 중요한 건 뭐냐, 바로 돌아보지 않는 자세입니다."

뭘 해야 할까 너무 고민만 하기보다는 일단 가볍게라도 뭔가 하나를 선택해 실행해봤으면 좋겠습니다. 어차피 본인이 해보지 않으면 자기 인생의 정답이 뭔지 알기 어렵습니다. 그리고 일단 선택했다면 그걸 정답으로 만들기 위해 자신의 선택을 충실히 실행해보시고요. 괜히 A를 선택해놓고 'B가 맞았으려나', B를 선택해놓고 'A가 맞았으려나' 고민만 하고 있으면 될 일도 안 됩니다. 반대로 실행력이 좋은 사람들은 안될 일도 되게 만들어버리곤 합니다. 자신을 믿고 자신의 선택에 확신을 가지세요. 그리고 멋지게 나아가세요. 이 방법이 정답에 제일 가까울 겁니다. 해보고 영 아니다 싶으면 그때 가서다른 길을 찾으면 되고요. 어차피 상황은 계속 변합니다.

직업이 곧 꿈이라면, 그 직업을 얻기만 하면
행복한 일상이 펼쳐지는 것일까요?

Q4

어떻게 하면
내 마음 가는 대로
살 수 있을까?

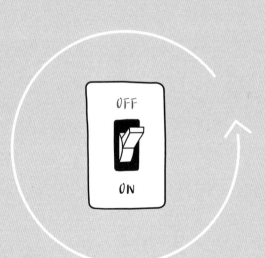

내 마음이라고 다 내 것은 아니다

마음은 원래 마음대로 되지 않는다

세상만사는 마음먹기에 달렸습니다. 어떤 마음을 먹느냐에 따라 나 자신과, 내가 만들어갈 삶의 모습이 달라집니다. 마음의 힘은 강합니다. 그렇기에 우리는 마음에 많은 주문을 던집니다. 하지만 생각대로 되지 않습니다. 내 마음이 어떤지 나도 모르겠고, 마음이 마음대로 되지 않습니다. 괜찮습니다. 마음은 원래 마음대로 되지 않습니다. 우리는 기계가 아니라 사람이니까요.

이성과 의지만이 강요된 삶을 살아온 사람들은 이 사실을 받아들이지 못합니다. 마음을 마음대로 할 수 있어야 올바른 사람이라 생각합니다. 그럼에도 마음을 마음대로 하지 못합니다. 애초에 할 수 없는 일이니까요. 이 불편한 사실을 숨기고자 논리적으로 보이는 생각을 꾸며냅니다. 내가 이렇게 하는 이런저런 이유가 있다고, 내가 이 선택을 내린 이유는 이러저러하다고. 기업의 브랜딩, 마케팅 분야에서는 사람의 의사결정 과정을 이렇게 표현합니다.

'사람은 감성으로 선택하고 이성으로 합리화한다.'

그러니 마음을 마음대로 하려는 욕심은 내려두는 게 좋습니다. 사람은 보통 억압, 회피, 합리화 등의 방식으로 자기 마음을 조절하려 합니다. 이런 작용을 반복한다는 건 스스로 생명력을 소비하는 꼴입니다. 마음이 마음대로 안 되는 건 질병이 아니라 자연스러운 현상입니다. 중요한 건 그런 마음을 어떻게 대하느냐입니다. 내 마음을 억압하고 통제하려기보다는 대화하고 이해하려고 노력하세요. 지금 내 마음 상태가 어떤지 관찰하고 무슨 말을 하고 싶어 하는지 들어보세요.

미디어를 운영하고 책을 쓰다 보면 유사한 활동을 하고 있는 사람들을 보게 됩니다. 어느 날 한 번은 소위 잘나가는 사람들을 보고 있자니 내심 부러웠습니다. 부러움이 심해지면 질투가 되고, 질투가 심해지면 분노가 됩니다. 이성적으로는 압니다. 다른 사람과 비교할 필요가 없다, 질투할 시간에 내 실력을 쌓는 데 집중하자. 몇 번을 그렇게 되뇌었습니다.

그런데도 부러운 마음은 사라지지 않았습니다. 왜 이러지 싶은데도 그러고 있었습니다. 마음은 마음대로 흘러가니까요. 그런 마음을 숨기기 위해 애써 합리화를 합니다. 저 사람들은 금수저일 거야. 그냥 운이 좋았을 뿐이야. 합리화가 심해지다 보면 세상을 탓하기도 합니다. '내가 더 실력 있고 내 결과물이 더 좋은데 왜 사람들은 알아주지 않는 걸까. 세상은 왜 날 이렇게 힘들게 하는 걸까'라는 생각에 빠져듭니다. 그러나 그렇게 합리화하고 세상을 탓한들 답이 나오지 않습니다. 관심을 쇼핑, 야식, TV 프로그램과 같은 다른 곳으로 돌립니다. 사실 그런다고 부러워했던 마음이 사라지지는 않습니다. 잠시 덮어놨을 뿐이죠.

부러운 마음은 다시 또 올라오게 되어 있습니다. 한 번은 그 마음을 피하거나 억제하지 않고 그냥 그대로 인정하고 받아들이기로 했습니다. '부러워할 필요 없다'는 고상한 생각으로 포장하지 않고 그냥 '부럽다'고 인정했습니다. 왜 부러워하는지, 왜 이 마음으로 힘들어하고 있는지 끊임없이 '왜'라고 질문하며 파고들었습니다. 그러자 제 속마음이 무엇을 말하고 싶어 하는지 직관적으로 알게 되었고, 다른 사람을 부러워하는 마음이 조용이 흘러가게 되었습니다. 부럽기에 질투했던 마음은 부럽기에 그만큼 나도 열심히 해야겠다는 동기부여로 바뀌었습니다. 굳이 다른 수단으로 덮어둘 필요가 없게 되었습니다.

마음은 자기 마음대로 생겨납니다. 그걸 내 마음대로 무작정 억제하는 건 오히려 스스로를 해치는 일입니다. 그냥 있는 그대로 받아들이고 관찰하고 이해하며 스스로 흘러갈 수 있도록 내버려두세요. 그렇게 흘러갔을 때 우리는 그 마음으로부터 자유로울 수 있으며, 지금 나에게 필요한 일을 할 수 있게 됩니다.

당신의 슬픔은 무죄다

**슬픔은
잘못이 아니다**

긍정의 힘은 위대합니다. 긍정적인
사고방식을 갖고 있다면 인간관계
도 좋아지고 자신의 역량도 강화되며 심리적 안정감과 행복
도 느낄 수 있습니다. 불가능을 가능케 하며, 없던 운과 기회
도 얻게 됩니다. 긍정은 성과를 내고 행복한 삶을 사는 데 큰
힘이 됩니다. 그렇기에 우리는 긍정적으로 생각하고 살아가
라는 교훈을 수시로 배우게 됩니다.

하지만 잘못된 긍정 마인드와 강요된 긍정주의는 우리를

불행하게 만듭니다. 긍정의 힘에 대한 이해 없이 무조건 '긍정적으로 생각하자'고 다짐하고 '긍정적으로 받아들이세요'라고 강조해봤자 오히려 삶은 '긍정'과 더 멀어질 수 있습니다. 긍정조차도 오남용에는 부작용이 따르는 겁니다.

오래 사귀었던 이성 친구와 헤어진 상황을 상상해볼까요? 어떤 이유에서건 가장 깊은 관계를 가졌던 둘도 없는 연인과 헤어졌다는 건 참으로 가슴 아픈 일입니다. 마음 한편이 텅 빈 것 같은 공허함도 느껴지고, 내 반쪽을 잃은 듯한 상실감도 느껴집니다. 말로 표현하기 힘든 복합적인 감정이 나를 휘어잡고 있죠. 그렇게 슬픔과 함께 눈물 흘리고 있는 나에게 친구한 명이 씩씩한 걸음으로 다가와 웃으며 이렇게 말한다고 칩시다.

"야, 뭐 헤어진 걸 가지고 그렇게 힘들어하냐. 그냥 좋은 기회라고 생각해. 더 좋은 사람 만나겠지. 세상에 남자/여자가 어디 그 애 한 명이냐. 이제 그만 슬퍼하고 웃어. 긍정적으로 생각해. 더 좋은 사람 만날 수 있는 기회일 수 있어."

아무리 친한 친구였더라도 이런 말을 하면 고맙다는 생각이 들 수 있을까요? 이런 말이 위로가 될까요? 소중한 연인과 헤어진 슬픔 자체를 인정하지 않는 것이 해결책일까요? 이런 위로를 받으면 슬픔이라는 감정이 잘못된 것처럼 느낄 수 있습니다.

현재 내가 슬픈 것은 어쩔 수 없는 사실입니다. 그런데 누가 위로한답시고 지금 그 슬픔을 느끼지 말고 긍정적인 마음을 가지라고 한다면 어떻게 될까요? 그렇게 하는 것은 나 자신을 부정하는 꼴입니다. 고맙기는커녕 마음이 불편합니다. 게다가 이 친구는 자신과 달리 얼굴에 환한 웃음을 띤 채 당당한 자세로 서 있습니다. 자신과 더 대비되는 모습입니다. 그러니 더욱 감정이 복받칩니다. 심한 경우 오히려 친구와 싸우게 되는 경우도 있습니다.

당사자 : 니가 지금 뭘 안다고 그래? 지금 이걸 긍정적으로 생각하고 웃으라고?
친구 : 왜 나한테 화풀이야? 기껏 위로해주려고 했더니.

그럼에도 불구하고

긍정 마인드를 갖는 건 좋은 태도입니다. 하지만 맹목적인 긍정 추구는 곤란합니다. 소위 부정적이라고 말하는 두려움, 불안함, 슬픔, 분노 같은 감정들도 모두 다 역할과 이유가 있습니다. 이런 감정과 마음을 무작정 부정한다고 해서 없어지는 것이 아닙니다. 겉으로는 긍정적인 마인드로 극복해낸 것 같지만, 실제로는 잠깐 덮어두고 있을 뿐입니다. 오히려 그렇게 감추었던 감정들은 속에서 곪아서 나중에 더 크게 한방 터뜨리게 됩니다. 평소에는 아무 말도 안 하다가 갑자기 어느 날 과거에 쌓아둔 것까지 한꺼번에 터트리는 사람들이 있습니다. 그와 비슷한 메커니즘입니다. 긍정적으로 생각하라는 말에 억눌려, 모든 감정은 다 무시한 채 그저 밝게 웃으면서 지내려는 억지 노력은 하지 마세요. 힘든 감정이 느껴질 땐 지금 힘들어하는 나 자신을 그냥 인정해주세요. 긍정적으로 살아야 되는데 힘들어하고 있는 나를 바라보며 자괴감에 빠질 필요는 없습니다. 억지로 만든 긍정은 힘이 없습니다. 슬프면 슬퍼하는 나 자신을 그냥 인정하면 됩니다. 선과 악, 긍정과 부정, 옳고 그름이라는 가치 판단은 잠시 내려두고 그냥 가만히 느껴주세요. 모든 감정엔 다 이유가 있습니다. 그 감정을 억지로 덮어두고 있으면 마음엔 골병이 생깁니다. 이쯤에서 진짜 긍정적인 마인드를 가질 수 있는 주문을 말씀드리겠습니다. 무작정 '긍정적으로 생각해야 돼'가 아니라 이 주문을 떠올려보시길 바랍니다.

'그럼에도 불구하고'

　이성 친구와 헤어졌다면 '난 슬프지 않아, 다시 힘차게 내 생활을 해야지'가 아니라 '이성 친구와 헤어져서 슬프네. 그럼에도 불구하고 다시 힘차게 내 생활을 해야지'라고 생각하세요. 시험에 떨어졌다면 '난 좌절할 수 없어. 힘내야지'가 아니라 '시험에 떨어져서 답답하네. 그럼에도 불구하고 힘내야지'라고 되뇌는 겁니다. 현실을 부정하는 게 아니라 있는 그대로 인정하는 거죠. 여기에 '그럼에도 불구하고'를 붙이고는 내가 가야 할 길을 걸어가는 겁니다.

　진짜 긍정 마인드는 억지로 긍정적인 것만 바라보는 게 아닙니다. 부정적인 마음도 있는 그대로 바라보고, 그럼에도 불구하고 다시 긍정적으로 자신과 세상을 바라볼 수 있는 관점입니다. 내 마음을 부정하는 거짓 위에 뭔가를 세우려고 하지 마세요. 내 마음을 있는 그대로 받아들이는 진실 위에 뭔가를 세우세요. 그게 훨씬 단단합니다.

● 지치지 않는 열정을 가지란 말에 지쳤어요 ●

**열정도
지칠 때가 있다**

긍정 못지않게 우리가 중요시 여기
는 게 열정입니다. 참 멋진 단어입
니다. 열정을 갖고 있는 사람은 단어 그 이상으로 멋지죠. 열
정적인 사람은 본인이 말하지 않아도 스스로 빛을 발합니다.
사람들을 감동시키고, 심지어 주변 사람들까지 열정에 전염
되게 만듭니다. 주변에 열정적인 사람이 있다는 건 복 받은 일
이기도 합니다. 그런 사람들은 존재 자체만으로도 좋은 에너
지를 발산하니까요.

'열정적으로 살아라'는 조언을 많이 듣습니다. '열정을 가지고 해'라는 요구도 많이 받죠. 이때 '열정'의 정의는 뭘까요? 대개 '지치지 않는 에너지'에 가깝습니다. 끈기, 인내, 노력, 극기 등이 연상되는 개념이죠. 언제나 넘치는 활력으로 끝까지 포기하지 않고 자신의 일을 기대 이상으로 멋지게 완수하는 모습입니다.

멋진 모습입니다. 저도 그런 사람이 되고 싶습니다. 하지만 전 '지치지 않는 에너지'가 열정이라고 생각하지 않습니다. 지금껏 엄청난 열정이 느껴지는 사람, 한 분야에서 소위 성공했다는 사람을 만나면서 보고 듣고 느낀 게 있습니다. 그들은 '결코' 지치지 않는 에너지를 갖고 있지 않았습니다. 평범한 사람들과 마찬가지로 힘들어할 때도, 슬퍼할 때도, 불안해할 때도 있었습니다. 그럼에도 그들이 열정적이라 느껴졌던 이유는 뭘까요? 그건 지치지 않는 초인적인 능력이 아니라, 충분히 지치는 상황임에도 한 발짝 더 나아가는 태도 때문이었습니다. 저는 열정을 이렇게 정의 내리고 싶습니다.

"열정이란 지치지 않는 힘이 아니다. 그럼에도 불구하고 한 번 더 나아가는 태도다."

열정적인 사람과 아닌 사람의 차이

사람은 누구나 지칩니다. 성공한 사람들도 마찬가지입니다. 사람이니까요. 정도의 차이는 있겠지만 누구나 지치는 게 당연합니다. 특히 새로운 일을 시작한다거나, 벅찬 목표에 도전하는 사람이라면 더욱 지칠 수밖에 없습니다. 매 순간 시련과 좌절을 느끼게 되니까요. 첫발을 내디딜 땐 누구나 다들 스스로를 열정적인 사람으로 바라봅니다. 하지만 시간이 지나면서 열정적인 사람과 아닌 사람이 극명하게 나뉩니다. 둘 다 지치는 건 같습니다. 다만 진짜 열정적인 사람은 그럼에도 불구하고 계속해서 시도합니다. 도전합니다. 꾸준히 나아갑니다. 결코 지치지 않아서가 아닙니다. 지치는 상황임에도 불구하고 자신의 길을 걸어가는 겁니다.

그럼 열정적인 사람과 아닌 사람의 차이는 뭘까요? 바로 회복탄력성입니다. 열정적인 사람들은 회복탄력성이 높습니다. 크고 작은 시련에 비록 일순간 움츠리긴 하지만 결국엔 더 높이 튀어 오르려고 합니다. 지친 상태에서 빠르게 자신을 회복시키고 계속해서 자신의 길을 걸어갑니다. 한두 번은 몰라도 이런 과정을 반복하는 게 쉬운 일은 아닙니다. 그렇기에 진짜 열정적인 사람이 드문 것이고, 그런 사람을 봤을 때 우리가 감동하는 겁니다. 회복탄력성을 높이기 위해선 무엇을 해야 할까요? 우선 이 한마디를 전해드리고 싶습니다.

'지쳤다고 솔직하게 인정하세요.'

많은 사람들이 '지치지 않는 에너지'를 가진 이상향과 지금의 자기를 비교합니다. 그리고 지쳐버린 자신의 상태를 부정합니다. 열정을 추구하는 사람으로서 지치고 힘들어하는 자신의 모습을 인정할 수 없거든요. 그런 자신을 인정하는 것 자체가 스스로 좌절감에 빠지게 만들 것 같거든요. 하지만 열정은 결코 지치지 않는 에너지가 아닙니다. 그럼에도 불구하고 한 발짝 더 자신의 길을 걸어가는 겁니다. 나아가기 위해선 우선 현재 상태를 인정해야 합니다. 허공에 발길질을 해봤자 앞으로 나아가지 못하죠. 현재라는 땅에 발을 딛고 있어야 걷든 뛰든 뭐라도 할 수 있는 겁니다. 현재 내 상태를 무시하고서는 탄력 있는 회복을 하기는 힘듭니다.

지금 지쳐가고 있나요? 그럼 그냥 스스로 지쳤다고 솔직하게 인정하세요. 지친 자신을 결코 원망하지 마세요. 지치지 않는 것이 열정이 아닙니다. 지쳤다는 사실을 인정한다고 열정 없는 사람이 되는 게 아닙니다. 다만 어떻게 자신의 몸과 마음을 회복시키는지, '그럼에도 불구하고' 한 발짝 더 나아갈 수 있는지가 중요합니다. 진짜 열정적인 사람들은 반복되는 실패와 역경으로 불안하고 두렵다는 걸 스스로 인정합니다. 다만 오히려 그 상황을 또 다른 도약을 위한 발판으로 활용하죠. 불안함과 두려움에도 끝내지 않고, 그 안에서 새로운 깨달음과 내공을 얻습니다. 힘든 상황을 수련의 기회로 삼습니다. 단지 그 차이가 있을 뿐입니다.

그러기엔 너무 많이 지쳐버렸나요? 어쩌면 그 사실만으로도 자신이 충분히 열정적인 사람임을 증명하는 것인지도 모릅니다. 열정이 없는 사람은 지칠 일도 없습니다. 애초에 아무런 시도조차 하지 않을 테니까요. 지칠 만큼 열심히 도전하고 시도한 자신에게 칭찬 한마디 해주세요.

당신은 멋진 사람입니다. 충분히.

●야망에 앞서 내 욕망부터 챙기세요●

마음먹는다고 뭐든 할 수 있는 건 아니잖아

"Boys, Be ambitious(청춘이여, 야망을 가져라)."

윌리엄 클라크의 이 표현은 참 좋은 자극을 줍니다. 청춘에 국한하지 않고 인생을 살아가는 우리 모두에게 뜨거운 열정을 전해주는 표현입니다. 어차피 한 번 사는 인생입니다. 누구나 멋지게 살고 싶고, 누구나 나 자신과 우리 사회를 위해 큰 뜻을 이루고 싶습니다. 그건 저 역시 마찬가지입니다. 야망이란 단어에 자극을 받았고, 그런 야망을 품고 있는 사람들을 동경해왔습니다. 특히 역사 속 영웅호걸과 위인들의 이야기를 들으면서 말이죠.

어릴 적엔 역사에 관심이 많았습니다. 아니, 역사 자체보다는 역사 속 영웅들의 이야기에 매료되었다고 보는 게 더 정확합니다. 공부를 좋아하진 않았지만 영웅호걸들의 이야기가 담긴 책이라면 무작정 펼쳤습니다. 아침 드라마처럼 결론이 뻔할지라도 그들의 야망과 의지, 용기와 지혜는 저를 순식간에 이야기에 몰입하게 만들었습니다. 그들의 극적인 삶을 보며 저 역시 영웅이 되어 우리 사회에 이바지하고 싶었습니다. 당시엔 지금과 달리 "Boys, Be ambitious"라는 표현이 저에게 주는 울림이 크지 않았습니다. 야망이 없어서가 아니라 어린 저에겐 야망이란 그저 마음만 먹으면 쉽게 얻을 수 있는, 마음속에 당연히 들어 있는 친근한 대상일 뿐이었기 때문입니다. 누구나 야망이 있고 당연히 누구나 영웅이 될 거라 생각했습니다. 현실의 무게를 크게 알지 못했던 걸까요?

10대에는 입시, 20대에는 취업, 30대에는 집과 자동차의 크기, 40대엔 자녀와 진급, 50대엔 또 다른 어떤 것들……. 누구나 자신의 나이에 주어진 과제를 풀면서 인생을 살아갑니다. 저 역시 과제를 푸는 데 급급했습니다. 남부럽지 않게 헤쳐 나가는 사람도 있겠지만 그건 극소수입니다. 대다수의 파릇파

꿈 따위는 없어도 됩니다

룻한 청춘들은 몸과 마음이 시들해질 만큼 수많은 고민과 좌절에서 허우적댑니다. 그러면서 자연스럽게 사회 속에서의 내 위치를 현실적으로 바라봅니다. 더 이상 본인이 '마음만 먹으면 무엇이든 될 수 있는 존재'가 아님을, 일괄적으로 매겨놓은 순위 앞에선 남과 다를 바 없다는 걸 인식합니다.

'야망을 가져라.'

당연하게만 여겼던 이 표현이 참 불편해지기 시작했습니다. 지금 이 상황에서 야망을 가지라니. 당장 버티기도 힘든데 '크게 무엇을 이뤄보겠다는 희망'을 가질 수 있을까. 그럼에도 각종 매체에서는 청춘들에게 끊임없이 야망을 가지라고 독려합니다. 야망이 없는 청춘은 청춘이 아니라고 합니다. 청춘들이 야망을 가져야 우리 사회의 미래가 밝다고 합니다. 여력은 없고 상황이 밝지만은 않은데 왠지 책임만 잔뜩 짊어진 느낌을 받게 됩니다.

남에게 보여주기 위한 야망은 오래가지 못한다

무거운 마음에서 벗어날 수 있는 방법이 있습니다. 야망을 가지라는 대중매체의 메시지를 무시하면 됩니다.

사실 우리 모두가 역사 속 위인들처럼, 영화 속 어벤저스처럼 영웅이 될 필요는 없습니다. 우리 사회엔 위기를 극복해내는 소수의 영웅들도 필요하지만, 매 순간 위기임에도 우리 사회를 돌아가게 만드는 절대다수도 필요합니다. 주목받는 소수의 영웅만이 대단한 사람들이 아니고, 영웅의 삶만이 가치 있는 것도 아닙니다. 그럼에도 야망이란 두 글자가 계속해서 불편하고 아쉬운 사람들이 있습니다. 놓아버렸다가는 그저 그런 삶을 살 것 같아 두렵습니다. 그런 분들에게 말씀드리고 싶습니다.

"야망에 앞서, 내 작은 욕망부터 챙기세요."

그동안 온라인과 오프라인에서 야망이 있다는 사람들을 많이 만나봤습니다. 그런데 의외로 그중 많은 사람들이 자신이 무엇을 이루고 싶은지 잘 모릅니다. 야망을 좇으면서도 즐겁지가 않습니다. 나를 먼저 세우고 큰 뜻을 이뤄야 하는데, 나의 뜻도 제대로 세우지 못하고 그저 야망이라는 단어에 휩싸여서 영웅들의 삶을 동경하는 겁니다. 그러면서 야망을 가져야 하는데 야망을 펼치지 못하는 자신의 모습에 스트레스를 받습니다. 몸이 약한 환자에겐 독한 약을 처방하기에 앞서 기초 체력부터 키우게 만듭니다. 야망이 독한 약이라면, 나의 욕망은 기초 체력을 키우는 일입니다. 어딘가에 있을지 모르는

꿈 따위는 없어도 됩니다

막연하고 멀리 있는 큰 뜻을 바라보기에 앞서, 우선 내가 재미를 느끼는 일, 내가 이루고 싶은 작은 욕망들을 챙겨보세요. 아무리 매력적인 야망이라도, 그 야망 안에 내 욕망이 담겨 있지 않으면 오래가지 못합니다. 지속적으로 해나가기 힘들고 금세 지쳐버리게 마련입니다.

야망 속에 나의 욕망을 담아라

야망이 있는 청춘은 아름답습니다. 하지만 자신이 진정으로 원하고 바라는 야망이어야 합니다. 남에게 보여주기 위해서가 아니라, 자신이 진정으로 이루고 싶고 그 과정에서 즐거움을 느낄 수 있는 야망이어야 합니다. 단순히 무언가 크게 이뤄보겠다는 야망은 진정한 의미의 야망이 아니라 허망한 욕심일 수 있습니다. 욕망이라는 단어가 부정적으로 느껴진다면 좀 더 부드럽게 '소망'이나 '선망'으로 생각해도 됩니다. 아니면 좀 더 직접적인 '욕구'라는 단어도 좋습니다.

역사 속 위인들과 매스컴 속 리더의 모습에 동기부여를 받고 열정을 불태우는 것은 좋습니다. 단, 처음부터 무리해서 실체 없는 야망을 쫓기보다는 우선 현재 내가 갖고 있는 작은 욕

망에서 시작해보세요. 내가 좋아하는 것은 무엇인지, 이루고
싶은 것은 무엇인지, 무엇에 재미를 느끼고 즐거운지 생각해
보세요. 있는 그대로의 나의 욕망을 깨닫고 이를 따라보세요.

조금씩 내 욕망이 보이고 채워나가기 시작했나요? 그럼 이
제 욕망을 추구하며 얻게 되는 가치들을 혼자 독식하기보다
는 조금씩 다른 사람들에게 도움이 되도록 나눠보세요. 내가
좋아하는 일을 소중한 사람과 함께 즐겨보고, 내가 잘하는 게
있다면 이를 이용해 다른 사람을 도와보세요. 사소한 일에서
부터 시작하면 됩니다. 내 욕망 위에서 더 많은 사람에게 더
많은 가치를 제공해줄 수 있는 방법을 생각해보세요. 이 과정
이 반복되면 점점 내 욕망은 나만의 욕망이 아니게 되고, 점점
내가 사회에 미치는 선한 영향력은 커지게 됩니다. 그땐 자연
스럽게 알게 될 겁니다. 내 욕망이 어느새 그토록 바라던 야망
이 되어 있다는 것을.

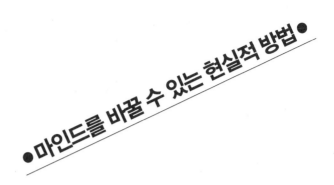

●마인드를 바꿀 수 있는 현실적 방법●

행복해서 웃는 게 아니라 웃어서 행복하다

"생각이 바뀌면 행동이 바뀌고, 행동이 바뀌면 습관이 바뀌고, 습관이 바뀌면 인격이 바뀌고, 인격이 바뀌면 운명도 바뀐다."

심리학자 윌리엄 제임스의 유명한 말입니다. 운명이 바뀌는 변화의 시작이 생각에서 출발한다는 게 핵심입니다. 내가 어떤 생각을 갖고 있는지가 그만큼 중요하다는 것이죠. 맞습니다. 자기계발, 인문, 철학, 종교, 경제경영, 에세이 등 많은 분야의 책을 읽어보고 소위 성공했다는 사람들을 만나 이야기를 들어봐도 공통적으로 알게 되는 게 있습니다. 생각을 바꿔야 된다는 걸 말이죠. 성공을 위한 여러 가지 요건들 중 가장 중요한 것도 '생각'이라고 합니다. 역시 맞는 이야기입니다. 사실 우리가 스스로의 힘으로 지금 바꿀 수 있는 것도 생각밖에 없습니다. 스펙이나 돈, 인맥이 갑자기 생기지는 않으니까요. 그런데 여기서 딜레마가 생깁니다. 솔직히 한 사람의 생각, 의식, 사고방식이 그렇게 쉽게 바뀌진 않습니다. 오늘 열정에 불타올라 '생각을 바꿔보자'라고 다짐해도, 2~3일만 지나면 다시 원래 생각하던 방식으로 돌아옵니다. 수십 년간 그렇게 살아왔으니까요. 기존의 방식대로 살아왔더니 어쨌든 생존은 할 수 있었으니까요. 지금 당장 바꿀 수 있는 게 내 생각이라고 하지만, 근본적으로 내가 생각하는 방식을 당장 바꾸는 건 그리 쉽지 않습니다. 특히 나이가 들수록 더욱 그렇습니다. 다들 잘 아실 겁니다. 사람은 잘 안 바뀐다는 걸.

그렇지만 자신의 생각을 바꾼 이후 행동, 습관, 인격, 운명이 바뀌었다는 사람들이 있는 것도 사실입니다. 그렇다면 내 생각을 바꾸고 싶을 땐 어떻게 해야 할까요? 그럴 땐 우선 변화의 방향을 살짝 바꿔보는 게 좋습니다. 간단히 정리해보겠습니다. 우리가 보통 생각하는 변화의 방향은 이렇습니다.

[생각] → [행동] → [결과]

즉, 생각을 바꾸면 행동이 바뀌고 행동이 바뀌면서 결과가
달라진다는 겁니다. 그럼 이걸 어떻게 바꿔야 할까요?

[행동] → [생각] → [결과]

행동을 먼저 바꿔버리는 겁니다. 그다음에 생각이 따라서
바뀌기를 기다리는 거죠. 다만 여기서 아무 행동을 바꾸자는
게 아닙니다. 내가 원하는 생각과 연결이 되는 행동을 바꾸는
겁니다. 연결이 된다는 건 무엇일까요? 내가 생각을 바꿨을
때 그 결과로서 나타나는 행동을 떠올려보세요. 예를 들어 내
가 '긍정적으로 생각한다'고 했을 때 그 결과로 나타나는 행동
이 뭘까요. '웃는다'라고 해보겠습니다. 그럼 먼저 '웃는다'에
초점을 두세요. 그 행위를 반복하다 보면 자연스럽게 '긍정적
으로 생각하는' 사고방식을 갖게 되는 겁니다. 어떤 연예인이
얘기했죠. "여러분, 행복해서 웃는 게 아닙니다. 웃어서 행복
한 거예요"라고 말이죠.

행동을 바꾸면 호르몬도 바뀐다

행동을 바꾸면 생각이 바뀐다는 주장에는 과학적 근거가 있습니다. 하버드 경영대학원 에이미 쿠디 교수와 콜롬비아 대학교 다나 카니 교수는 실험을 통해 사람의 자세에 따라 호르몬 분비가 달라진다는 것을 증명해냈습니다. 두 그룹으로 나눠 한 그룹엔 '자신감이 넘치는 자세'를, 다른 한 그룹엔 '소극적인 자세'를 요청했습니다. 이후 실험 참가자들의 타액을 채취해 분석한 결과 '자신감이 넘치는 자세'를 취한 참가자들의 테스토스테론 수치가 20% 증가했고, 코르티솔 호르몬은 25% 감소했습니다. 그것도 단 2분 만에 말이죠(테스토스테론은 근육을 강화시키고 자신감과 우월감을 느끼게 만듭니다. 코르티솔은 스트레스 호르몬으로 불안감, 초조함, 두통 등을 일으킵니다).

[행동] → [생각] → [결과]

그러므로 이런 접근법은 내가 원하는 사고방식, 철학, 신념 등을 바꾸고 싶을 때 언제든지 사용할 수 있습니다. 다만 그 과정을 반복해주는 게 필요합니다. 수십 년간 살아온 방식이 있고 그 방식은 무의식에 깊숙이 박혀 있으니까요. 어떤 마인

꿈 따위는 없어도 됩니다

드부터 바꿔야 할지 모르겠다면, 책장을 덮고 나서 우선 이 행동부터 먼저 해보세요. 거울 앞에 섭니다. 자신을 쳐다보며 입꼬리를 올리며 외쳐보세요.

"나는 나를 사랑한다."

물론 어색할 겁니다. 괜찮습니다. 또 웃으면서 반복해보세요. 스스로를 쓰다듬어도 좋습니다. 하루에 10번씩, 100번씩 반복해보세요. 우리에게 가장 필요한 건 스스로를 사랑하는 태도입니다. 지금까지는 스스로를 통제하고 억압하는 데 익숙했습니다. 자신을 극복하고 뛰어넘고 싸워서 승리할 대상으로 바라보고 있었기 때문입니다. 이제 자신을 그렇게 대했던 태도를 바꾸는 겁니다. 있는 그대로의 자신을 사랑하고 즐거운 마음으로 나아갑시다. 그래야 우리는 행복하게 성장할 수 있습니다.

어딘가에 있을지 모르는 막연하고 멀리 있는 큰 뜻을
바라보기에 앞서, 우선 내가 재미를 느끼는 일,
내가 이루고 싶은 작은 욕망들을 챙겨보세요.

Q5

시간은 왜
항상 부족한 걸까?

시간 관리에 대한 잘못된 생각

시간에 일을 맞추느냐, 일에 시간을 맞추느냐

사람이 가지고 있는 최고의 자원 중 하나가 시간입니다. 시간은 되돌릴 수 없습니다. 자신이 이 순간을 어떻게 살아가든 상관없이 언제나 시간은 꾸준히 흘러가고 있습니다. 또 하나 중요한 사실이 있습니다. 우린 언젠가 죽는다는 것이며, 결국 이번 생애에 나에게 주어진 시간엔 끝이 있다는 겁니다. 시간은 소중합니다. 시간 관리는 인생에서 한 번은 다루고 넘어가야 할 주제입니다.

시간 관리에 대한 방법론과 이를 돕는 도구들이 많습니다. 저 역시 시간 관리에 관심이 많았기에 다양하게 이용해봤습니다. 관련 책들을 읽고 내용을 분석하기도 했고, 수십만 원 상당의 교육 프로그램에 참여하여 이론을 배우고 실습도 했습니다. 다양한 다이어리나 플래너를 구입해 활용했고, 제 방식대로 맞춤 제작해 사용하기도 했습니다.

PC 프로그램, 모바일 어플리케이션을 설치해 사용해보고, 타이머를 이용한 기법도 실천했습니다. 이런 기법, 도구들은 끊임없이 출시되고 있습니다. 만약 자신에게 맞는 방법을 찾아 제대로 활용한다면 분명 시간 관리에 도움을 받을 수 있을 겁니다.

그런데 십여 년 동안 테스트해본 결과, 나에게 맞는 시간 관리법을 찾아다니기에 앞서, 시간 관리라는 개념 자체에 대해 한 번쯤 생각해볼 필요가 있다는 걸 깨달았습니다. 시간 관리라는 단어를 살펴보죠. 말 그대로 시간을 관리한다는 겁니다. 그런데 정말 시간을 관리할 수 있을까요? 시간은 내 의지와 상관없이 일정하게 흘러갑니다. 그 시간을 내가 관리한다는 게 과연 가능한 일일까요.

시간 관리의 목적을 생각해봤습니다. 대부분의 시간 관리는 '일정 시간 안에 얼마나 효율적으로 무엇을 할까'에 초점을

꿈 따위는 없어도 됩니다

맞추고 있습니다. 하루 24시간을 단위 시간으로 쪼개고, 그 단위 시간 안에서 효율적으로 무언가를 해내도록 각종 도구를 활용합니다. 단위 시간당 무언가를 해내는 능력이 시간 관리 능력입니다. 결국 우리는 시간 관리라는 표현을 쓰고 있지만 실제로는 시간 자체를 관리하는 게 아니라 시간 안에 담겨 있는 무언가를 관리하는 겁니다. 그것은 바로 일입니다.

그런데 '시간 관리'라는 표현 때문에 시간부터 보는 것뿐입니다. 이런 관점의 핵심은 고정된 시간 안에 어떻게 하면 최대한 많은 일을 할 수 있을까 하는 것입니다. 그러니 정해진 시간 안에 수많은 일들을 끼워 넣습니다. 다이어리, 플래너 안에 자기 자신을 구겨 넣습니다. 당연히 지칩니다. 힘듭니다. 주객이 전도되었기 때문입니다. 반대로 바라봐야 합니다. 시간이 아니라 내가 하려는 일을 먼저 따져봐야 합니다. 파레토의 법칙을 이용해 중요도에 따라 일을 20 대 80으로 나누세요. 비슷한 성격의 일은 묶어보세요. 그러고 나서 시간을 할당해보세요.

중요한 일을 위해 에너지를 비축하라

일을 바라본 뒤 그 일을 행하기 위한 환경으로 시간을 보는 것이 바람직한 순서입니다. 만약 여기서 좀 더 도약하고 싶다면, 본질적으로 내가 하고자 하는 일을 더 잘하고 싶다면 한 번 더 생각해볼 것이 있습니다. 일을 하는 데 필요한 것이 무엇일까요? 그건 에너지입니다. 우리가 시간 관리를 통해 하려는 건 일이고, 그 일을 하게 만드는 원동력은 에너지입니다.

하루 24시간은 균등하지만 내 에너지는 불균등합니다. 인간은 생체 리듬을 갖고 있기에 육체적 능력, 감정 등이 시간에 따라 변합니다. 환경, 주어진 조건에 따라서도 달라집니다. 나는 그냥 나이지만, 에너지의 질과 양에 따라 어떤 일을 얼마만큼 해낼 수 있는지는 천차만별입니다. 그러니 내가 하고 싶은 일을 먼저 하세요. 그리고 그 일을 해낼 수 있는 에너지를 관리하세요. 불필요한 일에 에너지를 낭비할 필요가 없다는 말입니다. 시간 관리는 그다음에 생각해도 됩니다.

시간 기록과 감정 기록

시간을 관리하기 전에 먼저 기록하라

시간을 어떻게 관리해야 할지 막연하시죠. 그렇다면 이제 구체적인 방법을 말씀드리겠습니다. 일단 '시간 기록'부터 먼저 해보세요. 자신이 실제로 시간을 어떻게 사용하는지 파악하는 겁니다. 변화에 앞서 내 현황부터 알아야 합니다. 시간 기록이 이를 도와줍니다.

시간 관리에 욕심이 있는 사람들은 사실 기록하라는 말을 꽤 많이 들었을 겁니다. 책을 통해서든 강의를 통해서든 각종 콘텐츠를 통해서 말이죠. 그런데 이 말을 들은 사람 중 90%는 '그렇구나' 하고 그냥 넘어갑니다. 실제로 해보는 사람은 별로 없죠. 저도 몇 년 동안 시간 관리를 해야겠다는 생각만 하면서 보냈습니다. 시간 기록은 시도해보지도 않은 채 특별한 비법을 찾아 헤맸죠. 시간 활용을 단기간에 극대화시킬 수 있는 비기가 어딘가에 있을 것 같았거든요. 하지만 진단 없이 맞춤 처방을 내리긴 어렵습니다. 그 진단이 시간 기록입니다. 속는 셈 치고 해봤습니다. 그러자 깨닫는 게 있었습니다. 기록하고 그 내용을 보는 것만으로도 알아서 나오는 처방들이 수두룩했습니다. 직접 해보면 자연스럽게 느낄 수 있습니다. 시간을 기록하는 방식은 다양합니다. 각자의 성향에 맞게 선택하면 됩니다.

방법	하루를 시간 단위로 나눈 다음, 매 시간 무엇을 했는지 기록한다.
참고 사항	모눈종이나 별도 표를 활용하면 편합니다. 1시간이든 30분이든 간격의 기준은 본인이 정합니다. 너무 세세하게 기록하려다 보면 기록 자체에 받는 스트레스가 많아지고 포기하게 됩니다.

방법	정해진 시간마다 알람을 울리게 한 다음, 그때마다 무엇을 했는지 기록합니다.

참고 사항	정해진 시간이나 알람 간격이 너무 짧으면 오히려 한 가지 일에 대한 집중력이 낮아집니다.
방법	한 가지 행동이나 일을 끝냈을 때마다 일의 내용과 시간을 기록한다.
참고 사항	행동을 너무 세부적으로 나누면 기록 자체에 받는 스트레스가 많습니다.

요약하자면 시간 혹은 행동 단위로 간격을 나눈 뒤 언제 무엇을 했는지 기록하는 겁니다. 다만 시간이든 행동이든 그 단위가 너무 디테일하면 기록하면서 스트레스를 받게 됩니다. 따라서 본인에 맞게 어느 정도는 단위를 묶어보세요. 제 경우 시간을 기준으로 할 때는 1시간을, 행동을 기준으로 할 때는 유사 행동을 기준으로 삼았습니다. 예를 들어 아침에 씻고 시간이나 날씨를 확인하고 옷을 갈아입는 등 일련의 활동은 '출근 준비'로 묶는 겁니다. 기록은 별도로 만든 종이, 수첩, 다이어리, 캘린더 어플 등 자신에게 맞는 방식을 활용하면 됩니다. 컴퓨터 작업을 많이 하고 IT 활용에 익숙하신 분은 '동기화'가 되는 캘린더 서비스나 별도 메모 프로그램을 활용하면 편하고 꾸미는 걸 좋아하시는 분은 다이어리에 별도 공간을 마련

해두면 좋습니다. 만약 매 순간 다이어리나 수첩을 들고 다니는 것이 부담되고, 마땅히 기록할 데가 없다면 메신저 어플을 활용하는 것도 유용합니다. 일을 끝낼 때마다 자신에게 메시지를 보내세요. 아니면 매 시각 알람을 설정한 뒤 자신에게 메시지를 보내세요. 메시지를 보낼 때마다 자동으로 시간이 기록되니 나중에 따로 시간을 내서 그 기록을 보고 일괄적으로 정리할 수 있습니다. 게다가 스마트폰은 항상 소지하고 있으니 바로바로 기록하기도 편하고요. 상당히 유용한 방식입니다.

감정을 기록하라

더 욕심이 나고, 실천력이 좋아 조금 더 시간 관리의 질을 높이고 싶다면 기록의 대상을 확대하시길 바랍니다. 시간 기록의 기초 단계가 일과 시각을 기록하는 거라면, 그다음 단계는 일과 시각에 자신의 감정과 몰입도를 기록하는 겁니다. 어느 시간대에 어떤 일을 했고 그 일에 얼마나 몰입했으며 그때 어떤 감정을 느꼈는지 말이죠. 몰입도의 경우 스스로 척도를 '1-2-3', 'A-B-C', '아주 좋음-좋음-보통-나쁨-아주 나쁨', 'Best-Good-Bad' 등 편한 대로 잡으면 됩니다. 이렇게 추가 기록까지 하면 무엇

꿈 따위는 없어도 됩니다

을 얻을 수 있을까요? 자신이 현재에 얼마나 몰입하는지 전반적인 집중도를 알 수 있습니다. 어느 시간대에 집중력이 좋은지도 가늠해볼 수 있습니다. 앞서 말씀드린 에너지의 질과 양을 파악하는 단서를 얻는 겁니다. 어느 시간대엔 어떤 일을 하면 좋을지에 대한 전략을 세우고, 감정을 통해 내가 어떤 일을 선호하는지 파악할 수 있습니다. 물론 단기적인 기록만으로는 한계가 있습니다. 좀 더 나에 대해 자세히 알고 싶고 변화하고 싶다면 일회성이 아닌 장기간의 시간을 두고 기록하는 게 좋습니다. 최소한 일주일은 해보시길 바랍니다. 월요일부터 일요일까지 각각의 요일마다 내 상황이 다른 경우들이 있으니까요. 일단 기록해보세요. 분명히 느끼는 게 있습니다. 제 경우 우선 얼마나 무의미하게 보내는 시간이 많은지 두 눈으로 똑똑히 보게 됐습니다. 쉬는 것도, 제대로 뭘 하는 것도 아닌 그냥 흘려보내는 시간들이 얼마나 많은지 기록하기 전에는 미처 몰랐습니다. 그것을 막상 내 눈으로 확인하고 나면 생각이 달라집니다. 그런 시간들이 얼마나 되는지 제대로 확인하지도 않고 시간 활용에 대해 고민한다는 것은 눈앞에 잔뜩 음식이 차려져 있는데도 저 멀리 보이는 음식을 어떻게 먹을지 고민하는 것과 다를 바가 없습니다.

●중독에 빠지는 이유와 해결책●

당신의 시간을 잡아먹는 건 무엇인가요?

시간 관리를 위해선 중독을 해결해야 합니다. 중독은 귀중한 자원인 시간을 잡아먹고 에너지를 허비하게 만드니까요. 중독은 크게 두가지로 분류합니다. 신체 증상으로서의 중독과 정신적 의존증으로서의 중독입니다. 전자의 경우 유해 물질에 노출되어 발생하며 이 경우 우리는 바로 병원에 들러 전문적인 치료를 받습니다. 반면 후자의 경우 일종의 습관으로도 볼 수 있는데, 본인 스스로도 중독인지 잘 모

꿈 따위는 없어도 됩니다

르는 경우가 많습니다. 정도의 차이가 있을 뿐 많은 사람들이 일상생활에서 은연중에 무언가에 의존하는 증상을 보입니다. TV, 인터넷, 쇼핑, SNS, 카페인, 게임 등이 그 대상이 되고는 하죠. 놀랍게도 지극히 건전해 보이는 음악과 책, 운동조차 중독의 대상이 될 수 있습니다.

시험 기간에 공부할 분량이 있지만 계속 TV를 보고 있다. 불을 다 끄고 누워 자려고 했는데 스마트폰을 잡고 SNS를 몇 시간 동안 살펴본다. 누군가를 기다리면서 특별히 살 것도 없는 인터넷 쇼핑몰을 살펴본다. 밥 먹을 시간도 놓친 채 게임을 하고 있다. 이 모든 경우는 우리 일상에서 자주 일어나는 일입니다. 무서운 건 실제 중독이 생기는 과정과 이런 일을 하게 되는 과정이 똑같다는 겁니다. 얼마나 반복되었는가 얼마나 의존하는가의 차이일 뿐입니다.

그렇다면 중독은 왜 생기는 걸까요? 내면의 공허함을 견디지 못하기 때문입니다. 텅 비어 있는 것 같은 느낌이 두려운 거예요. 혼자 사는 경우에는 집에 가자마자 TV부터 켜는 사람들이 정말 많습니다. 특별히 챙겨 봐야 하는 TV 프로그램이 있어서가 아닙니다. 때로는 집에 도착하자마자 TV를 켜놓고는 막상 보지 않는 경우도 많습니다. 그냥 켜놓습니다. 왜 그럴까요? 공허하거든요. 적적하거든요. 외롭거든요. 뭐라도 해야 될 것 같은 압박감을 느끼거든요. 그게 반복되다 보면 점차 TV를 켜는 게 습관이 되고, 점점 TV에 의존하다 중독으로까지 발전하게 됩니다. 잠을 자야 할 시간을 놓치고 그냥 별생각 없이 멍하니 TV만 바라봅니다. 이건 SNS, 인터넷 대부분 마찬가지입니다.

이처럼 공허함과 맞서기 위해 우리는 끊임없이 자극을 찾습니다. 점점 자극을 주는 대상에 의존하게 되고요. 시간이 지나 그 증상이 심해지면 스스로도 알게 됩니다. 하지만 쉽게 벗어나지 못합니다. 어느새 몸에 배어버렸고 무의식의 영역까지 침투해버렸기 때문입니다. 부작용이 있다는 걸 뻔히 알면서도 계속 같은 행동을 반복하게 됩니다. 만약 본인이 무엇에 중독되어 있는지 모르겠다면 자신의 시간 기록을 살펴보시길 바랍니다. 별거 아니라고 생각했던 일에 생각 이상으로 많은 시간을 소비하고 있는 무언가가 있을 수 있습니다. 저의 경우에도 TV가 문제였습니다. 문제를 자각하고 TV를 없애자 동영상 플랫폼이 그 역할을 대신했습니다. 수시로 확인할 수 있는 SNS는 마치 게릴라처럼 알게 모르게 많은 시간과 에너지를 소비하게 만들었고요.

마음이 통하는 사람을
만들어라

벗어나고 싶은 나의 행동 패턴이 뭔지 알았다면 이제 대처할 방법을 찾아야죠. 인간관계를 통해 이를 해결할 수 있습니다. 인간은 기본적으로 어딘가에 소속되고 누군가와 연결되고 싶은 욕구가 있습니다. 고립을 원치 않습니다. 고립은 곧 생존의 위협이 될 수 있거든요. 그런데 현대인들에겐 물리적 고립은 아니더라도 정신적 고립이 많습니다. 마음을 나눌 수 있는 관계가 부족한 겁니다. 가족과 떨어져 있는 경우가 많고, 심지어 가족하고도 마음을 나누지 못하는 경우가 많습니다. 안타까운 일이죠. 함께 마음을 나눌 수 있는 사람들을 찾아보세요. 그보다 앞서 이미 나에게 마음을 열고 있는 사람들을 돌아보고요. 가족이든 친한 친구든 먼저 연락해보세요. 용기 내서 현재 내 마음을 털어놓고 대화를 나눠보세요. 관심사가 비슷한 사람들과 모임을 가져도 좋습니다. 오히려 가족이나 친구보다 더 마음을 나누기 좋을 수도 있습니다.

다들 마음을 나눌 수 있는 인간관계를 원합니다. 하지만 먼저 나서지 못할 뿐이죠. 자신이 먼저 마음을 열고 나선다면 기쁜 마음으로 맞이해줄 사람들은 의외로 많습니다. 이렇게 마음을 나눌 수 있는 인간관계가 탄탄한 사람은 내면의 공허함을 느낄 만한 시간이 별로 없습니다. 그러니 무언가에 중독될 확률도 줄어들고요.

JUST DO IT

매 순간을 사람을 통해 내면의 공허함을 해결할 수는 없을 겁니다. 마음을 털어놓을 수 있는 관계가 한정될 경우 그 대상에게 집착할 수도 있습니다. 이럴 때는 중독적으로 반복하는 행동을 다른 활동으로 대체해보세요. 나쁜 습관을 건전한 행동으로 대체하는 것과 같은 개념입니다. 제일 좋은 건 자기만의 취미 생활을 만드는 겁니다. 나를 무기력하게 만드는 중독이 아닌, 삶에 활력을 주는 활동으로 바꾸는 거죠. '한 번 해봤으면', '한 번 배워봤으면' 하는 무언가가 있다면 간단히 메모로 남겨보세요. 그리고 일단 그냥 시작해보세요. 할까 말까 너무 재지 말고 바로 시작하는 게 좋습니다.

꿈 따위는 없어도 됩니다

멍 때리는 시간이 필요한 이유

만약 누군가에게 적극적으로 다가갈 용기가 나지 않는다면, 취미 활동을 가질 힘조차 없다면 이 방법을 사용해보세요. 그냥 가만히 있는 겁니다. 내면의 공허함을 그냥 있는 그대로 느껴보는 거예요. 사실 우리가 견디기 어려운 건 내면의 공허함 자체보다는 '내면의 공허함이 있지 않을까' 하는 생각, '공허하면 어떡하지'라는 두려움'입니다. 뭘 하려고 하지 말고 그냥 가만히 있어보세요. 조용히 멍 때리는 겁니다. 그런 시간도 필요합니다. 습관적으로 켜놨던 TV도, 손에 달고 살았던 스마트폰도 잠시 내려두세요. 어색할 겁니다. 지금껏 그랬던 적이 없으니까요. 무언가 신경을 돌릴 곳이 필요하다면 들고 내쉬는 자신의 호흡이나 온몸의 근육에 초점을 맞춰보시길 바랍니다. 어떻게 공기가 들어왔다 나가는지, 근육의 어떤 부분에 긴장이 느껴지는지 잘 살펴보세요. 아무것도 하지 않고 가만히 있다 보면 점차 느끼는 게 있습니다. 가만히 있어도 별문제 없다는 걸 말이죠. 그렇게 두려워했던 내면의 공허함이라는 게 실체가 없다는 걸 말이죠. 하루에 몇 분씩만 시간을 두고 반복해보세요. 조금씩 중독에서 벗어날 힘이 생깁니다.

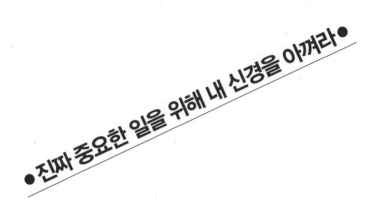

● 진짜 중요한 일을 위해 내 신경을 아껴라 ●

**지금 그 일에 에너지를
써도 되나요?**

몇 년 전 미니멀리즘 열풍
이 일었습니다. 단순하고
간결한 양식의 디자인에서 시작해 적게 소유하고 생활하는
라이프스타일로까지 확대됐습니다. 일종의 인생철학이 되었
죠. 그런 삶을 살아가는 사람들을 미니멀리스트라고 칭합니
다. 미니멀한 느낌과 달리 미니멀리즘을 실천하는 사람들은
어느새 거대한 사회적 집단이 되었습니다. 기존의 삶이 워낙
복잡하다 보니 단순하게 살고 싶은 사람들의 욕구가 반영된

것이죠. 새로운 유행을 선도하려는 시장 논리도 어느 정도 들어가 있고요.

미니멀리즘이 유행하는 데는 세계적인 CEO인 스티브 잡스와 마크 주커버그도 큰 몫을 했습니다. 텅 비어 있는 방 안에서 조용히 명상하고 있는 스티브 잡스의 사진과 똑같은 옷이 나란히 걸려 있는 마크 주커버그의 옷장 사진이 유명합니다. 그들이 돈이 없어서 방에 가구를 들이지 않고, 화려하고 고급스러운 옷으로 옷장을 채우지 못한 걸까요? 당연히 아닙니다. 평생 사용하지도 못할 만큼 원하는 물건을 구입할 수 있는 재력을 갖고 있으니까요. 그럼에도 극단적일 만큼 미니멀리즘을 실천하는 건 평소 신경 쓸 일이 너무 많기 때문입니다.

매 순간이 의사 결정의 연속이며, 그들이 어떤 결정을 했느냐가 사회에 미치는 영향력이 상당합니다. 이렇게 바쁜 CEO들은 때로는 사무실에서 특별히 하는 게 없어 보일지 몰라도 머리와 마음은 상당히 복잡할 수밖에 없습니다. 자신의 선택 하나가 수많은 이해 관계자에게 미칠 영향이 크기 때문입니다. 그러니 미니멀리즘을 찾을 수밖에 없습니다.

모든 사람의 행위엔 에너지가 소비되고, 그 에너지는 배터리처럼 한정된 용량이 있습니다. 파워풀하게 일을 해내기 위해선 소비된 에너지를 보충하거나 아니면 에너지의 용량 자체를 늘려야 합니다. 다만 용량을 늘려도 활동을 하게 되면 그만큼 에너지는 닳게 돼 있습니다. 그럼 어떡해야 할까요? 일단 낭비되는 용량을 줄여야 합니다. 예를 들어 점심시간에 "오늘 뭐 먹을까?"라며 상사가 묻습니다. 그러면 메뉴 선택으로 고민하게 되고 스트레스를 받게 됩니다. 메뉴 선택 같은 사소한 일에도 나의 에너지가 들어가 용량을 소비합니다. 그러니 어떤 고민에 대한 선택도 적절한 에너지를 소비해야 방전되지 않습니다.

더 소중한 일을 위해 에너지를 비축하라

2011년 이스라엘 가석방 위원회가 내린 1,100건의 결정을 조사한 연구가 있습니다. 조사 결과, 가석방 승인율을 살펴보니 시간대별로 차이가 있었습니다. 아침 일찍 내린 가석방 승인율은 70%에 달했으나, 오후엔 10%로 떨어졌습니다. 아침 내내 죄수들의 운명을 결정하는 고된 노동에 지친 위원들이 오후에는 가석방을 허락하지 않는 쉬운 결정을 내린 겁니다.

사회심리학자인 로이 바우마이스터(Roy F. Baumeister)는 이런 현상을 자아 고갈(ego depletion)이라고 설명합니다. 그들의 말에 따르면 우리에게는 자아 강도(ego strength)라는 한정적 자원이 있습니다. 균형을 유지하고 생각과 표현을 조절하는 등 자기를 규제하는 노력을 기울이는 동안 이 자원은 계속 고갈됩니다. 완전히 고갈된 상태가 자아 고갈이고요. 아무리 사소한 일도 반복해서 신경 쓰다 보면 점점 자아 강도는 고갈됩니다. 당연히 가랑비에 옷 젖듯 자아 고갈이 될 수도 있습니다.

페이스북 CEO인 마크 주커버그가 왜 매일 똑같은 옷을 입을까요? '오늘 뭐 입지'에 신경 쓰고 싶지 않다는 겁니다. 의사결정을 최소화해 의지력의 용량, 자아 강도를 확보하고 그만큼 더 중요한 일에 신경을 쓰겠다는 전략이죠.

그렇다고 무작정 마크 주커버그처럼 똑같은 옷을 입어야 하고 스티브 잡스처럼 심플한 인테리어를 즐겨야 한다는 게 아닙니다. 본인에게 중요한 영역과 아닌 영역을 구분하는 게 중요하다는 뜻입니다. 누군가는 매일 아침 무슨 옷을 입을까 선택하는 게 즐거울 수 있습니다. 여기서 희열을 느낄 수도 있죠. 패션 자체가 본인 업무에서 아주 중요한 기준일 수도 있습니다. 그럼 당연히 신경 써야겠죠. 대신 중요하지 않은 다른 영역이 있을 겁니다. 그런 영역은 과감히 버리세요. 남의 시선에 나를 맞추는 것도 포기하세요. 완전히 버리기 힘들다면 신경 쓰는 수준을 조금씩 낮추세요. 의사 결정할 요인을 최소한으로 줄이는 겁니다. 그래야 더 중요한 일에 소중한 에너지를 활용할 수 있습니다.

● 늦게 자고 일찍 일어나는 건 초인이죠 ●

**피터 드러커의
시간 관리법**

현대 경영학의 아버지라 불리는 피
터 드러커(Peter Ferdinand Drucker)
역시 시간의 소중함을 강조했습니다. 그는 어떻게 시간 활용
을 극대화할까요? 세 가지 프로세스를 거칩니다. 먼저 '시간
기록'입니다. 자신이 실제로 시간을 어디에 사용하고 있는지
파악하기 위해 기록하는 겁니다. 그다음은 '시간 관리'입니다.
기록한 내용을 보며 시간을 낭비하는 비생산적인 활동을 찾
아 제거합니다. 꼭 하지 않아도 되는 일은 버리고, 다른 사람

이 나만큼 잘할 수 있는 일은 위임하고, 꼭 자기 자신이 해야만 하는 일에 집중하라는 겁니다. 마지막은 '시간 통합'입니다. 확보된 시간을 최대한 가장 큰 연속 단위로 통합하는 겁니다. 여기서 시간 통합이라는 것은 최대한 많은 양의 연속적인 시간을 확보하자는 이야기입니다. 3분씩, 5분씩, 10분씩 자투리 시간을 활용하는 것과 달리 큼직큼직한 단위의 시간을 배치하는 겁니다.

공장에서도 기계를 돌릴 때 셋업 타임이 필요합니다. 셋업 타임이란 필요한 자재를 배치하고 작업 내용을 점검하고 기계를 예열하는 등의 준비 시간을 말합니다. 그다음은 열심히 물건을 생산하면 됩니다. 다만 작업 내용이 바뀔 경우 또 다른 셋업 타임이 필요합니다. 다시 새로운 준비를 해야 하니까요. 만약 어떤 공장은 하루에 작업 내용을 1번만 바꾸는데 어떤 공장은 10번 바꾼다고 생각해보세요. 후자의 경우 셋업 타임이 10배가 필요합니다. 같은 시간 동안 공장을 운영하고도 그만큼 생산되는 물건의 양이 적겠죠. 그렇게 되면 생산성이 떨어집니다.

꿈 따위는 없어도 됩니다

우리에게도 셋업 타임이 필요하다

사람도 마찬가지입니다. 한 가지 일을 할 땐 사전 준비가 필요합니다. 바람도 한 번 쐬고, 차도 한 잔 마시고, 스마트폰도 한 번 살피고, 이메일도 확인하고, 필요한 환경을 준비하는 등 말이죠. 그다음 일을 하며 조금씩 몰입하게 됩니다. 어느 정도 몰입이 정점에 다다른 뒤 점차 집중력이 떨어집니다. 그다음 휴식을 하고 또다시 일을 합니다. 이런 사이클이 반복됩니다. 마치 학창 시절 1교시가 끝나고 쉬는 시간을 가진 다음 2교시가 시작되는 것처럼 말이죠. 그런데 많은 현대인들의 시간 활용 패턴을 보면 수시로 일의 전환이 일어납니다. 이 일 했다가 몇 분 되지 않아 저 일 하고, 저 일 하다 보면 갑자기 외부에 일이 생겨 또 다른 일을 합니다. 몰입을 하려고 하면 전화가 오고, 집중력이 높아지려고 하면 회의에 소집됩니다. 손을 댄 김에 일을 끝내야 하는데 식사 시간이 되거나 예상치 못한 외부 미팅이 잡힙니다. 그러다 보면 또다시 셋업 타임이 필요해집니다.

한 번에 하면 1시간에 끝날 일을 이런저런 일들로 방해를 받다 보면 3시간이 걸립니다. 몰입은 안 되고 집중력은 떨어지고 시간은 오래 걸리고 결과물의 질은 떨어집니다.

모든 일이 마찬가지겠지만 특히 고도의 두뇌 활동이 필요하고 창의적인 일일수록 더욱 연속적 시간이 필요한 경향이 있습니다. 멀티태스킹이라는 이름으로 신경이 분산될 경우 원하는 결과를 얻기가 쉽지 않습니다. 글을 쓰거나 프로그래밍을 하거나 수학 문제를 풀거나 기획서를 작성하고 있는 사람 옆에 가서 수시로 말을 걸어보세요. 욕먹을 각오를 해야 합니다.

하루의 시작은 전날 저녁이다

그런데 마음껏 연속적인 시간을 확보하기가 녹록지 않을 겁니다. 내 시간을 온전히 내 마음대로 사용할 수 있는 사람은 많지 않으니까요. 항상 예상치 못한 변수가 생기니까요. 그나마 외부의 방해를 받지 않고 자신과 자신이 하고자 하는 일에 집중할 수 있는 시간대가 있습니다. 아침 일찍, 새벽입니다. 밤에는 예상치 못한 야근, 약속이 생길 확률이 높으니까요. 그러다 보니 아침에 일찍 일어나는 비법에 대한 관심이 많아집니다. 아침형 인간에서 더 나아가 새벽형 인간에 도전하는 분도 많습니다. 이렇게 확보한 시간을 이용해 조깅, 요가, 독서, 글쓰기, 어

꿈 따위는 없어도 됩니다

학 공부, 자격증 준비 등에 투자합니다. 퇴근 후, 혹은 늦은 밤 시간에는 항상 예상치 못한 일로 방해받아 연속적인 시간을 확보하기 힘드니까요. 물론 피곤함이 몰려와 포기하게 되는 경우도 많습니다.

그런데 사람들이 그토록 아침형 인간, 새벽형 인간에 관심을 갖는 건 그만큼 잘 안 되기 때문이기도 합니다.

알람을 몇 개씩 맞춰놓고 의욕을 불태우지만 매번 늦잠을 잡니다. 각종 창의적인 방법으로 일어날 수밖에 없는 조건을 만들어두지만 놀라울 만큼 우직하게 다시 이불 속으로 들어갑니다. 아예 알람이 울렸는지, 내가 다시 잠들었는지조차 모르기도 합니다. 저도 마찬가지입니다. 새해가 되면 늘 아침에 일찍 일어나는 것을 목표로 삼았습니다.

어느 날 돌이켜보니 십 몇 년간 끊임없이 계획만 세웠더군요. 도저히 안 되겠다 싶어 도서관에 들러 인간의 수면에 대한 책을 닥치는 대로 읽고 내용을 정리하기도 했습니다. 나폴레옹 수면법이라고도 불리는 4시간 수면법에 도전하기도 했고, 심지어 3시간 수면법을 따라 해보기도 했습니다. 수차례 도전하고 실험한 끝에 한 가지 사실을 깨달았습니다. 일찍 일어나 자는 계획을 세웠지만, 실상은 늦게 자고 일찍 일어나려는 만용을 부리고 있었다는 걸 말이죠. 대부분 일찍 일어나는 계획을 세웁니다. 새벽 공기와 함께 상쾌하게 하루를 시작하며 자기계발에 투자하려고 합니다.

하지만 진짜 하루의 시작은 그날 하루에 있는 게 아닙니다. 전날 밤에 있습니다. 일찍 일어나기 위해선 일찍 자야 합니다. 지극히 당연한 사실입니다. 새벽 일찍 일어나 하루를 계획하고 업무를 보며 회의까지 한다는 위대한 기업가들의 이야기를 보며 우리는 감명받습니다. 일찍 하루를 시작해야겠다는 동기부여를 받습니다. 여기서 알아야 할 게 있습니다. 그 사람들은 일찍 자고 일찍 일어난다는 겁니다. 한두 번도 아니고, 평생을 새벽 1~2시에 자면서 새벽 4~5시에 일어날 수는 없지 않습니까?

그렇다면 밤에 일찍 못 자는 이유가 뭘까요? 야근이나 예상치 못한 일로 어쩔 수 없이 늦게 자는 것 말고 평소에는 왜 빨리 잠들지 못할까요? 이것도 '내려놓지 못하기 때문'입니다. 잠들기 전 TV를 보든 스마트폰을 보든 오락을 하든 습관적으로 무엇을 하고 있는지 잘 살펴보세요. 딱히 재미가 있는 게 아닌데도 그저 아쉬워서, 몸은 피곤하지만 그대로 잠들기에는 왠지 억울해서, 마음이 허전해서 뭔가를 붙잡고 있다면 그만큼 취침 시간은 늦어지고 호르몬 분비에도 교란이 생깁니다. 다음 날 일찍 일어날 수가 없습니다. 같은 양의 시간을 자더라도 더 피곤하고요. 하루 종일 머리가 맑기도 힘듭니다. 연속적 시간 확보는커녕 이미 확보하고 있는 시간도 활용하지 못합니다. 그것이 습관이 되면 악순환에 빠지는 것이죠. 그러니 밤에 뭔가를 해보려는 마음은 그냥 포기하세요. 내려놓으세요. 우리 몸이 잠을 원하는 시간엔 그냥 자는 게 현명합니다. 일찍 일어나서 깨어 있는 시간 동안 몰입하는 게 늦게까지 일을 붙잡고 있는 것보다 훨씬 더 효율적입니다.

내가 하고 싶은 일을 먼저 하세요.
불필요한 일에 에너지를 낭비할 필요가 없습니다.

Q6

인간관계가
왜 이렇게 힘든 걸까?

인간관계의
열쇠, 공감능력

살아가면서 겪게 되는 스트레스와 갈등의 가장 큰 원인은 인간관계입니다. 인간은 함께 살아갈 수밖에 없는 존재이지만, 그 존재가 모두 생각하고 느끼고 행동하는 방식이 다릅니다. 갈등이 생기고 스트레스를 받는 건 당연합니다. 우리는 갈등을 이해하고 스트레스를 관리할 수 있는 지혜를 통해 원만하게 대응할 뿐입니다.

그렇다면 어떻게 인간관계에서 생기는 갈등을 해결할 수

있을까요? 그 핵심엔 공감 능력이 있습니다. 비록 나와 생각하고 느끼고 행동하는 방식이 다르지만 그 사람은 그럴 수 있다고 이해하는 것, 그렇게 행동할 수밖에 없는 그 사람의 마음을 인정하는 것입니다. 이런 공감이 있다면 나만이 정답이 아님을 자연스레 깨닫게 되고 많은 인간관계의 갈등을 해결할 수 있게 됩니다.

우리가 인간관계로 답답해하는 건 머리로는 공감의 중요성을 알면서도 가슴으로는 쉽게 남에게 공감할 수 없기 때문입니다. 그것은 순서가 잘못되었기 때문입니다. 남에게 공감하려고 노력하기에 앞서 나 자신의 마음과 공감하는 것부터 연습해야 합니다. 내 마음도 잘 모르는 상태에서 남의 마음을 이해하기는 어렵기 때문입니다. 내가 어떤 감정에 무디다면, 유독 그 감정에 예민한 사람에게 공감하기 힘듭니다.

인간관계의 갈등을 풀려고 한다면 나 자신의 마음부터 공감해야 합니다. 예를 들어 연애할 때 많은 여성들이 연인이 자신의 감정에 공감하지 못한다고 토로합니다. 감정을 이야기하면 논리적으로 따지면서 가르치려고만 한다는 겁니다. 연인에게 바라는 건 명확한 시시비비가 아니라 그저 공감일 뿐인데 계속 논리로만 따지고 드니 답답할 수밖에 없습니다. 이것은 남성들이 '자신과의 공감'을 하지 못하기 때문에 발생합

꿈 따위는 없어도 됩니다

니다. 남성들 대부분이 이성적으로 판단하고 자신의 감정을 억제하고 무시해야 한다는 문화에 노출되어 있기 때문입니다. 특히 애정, 슬픔, 공포와 같은 감정을 표출하면 안 된다고 교육받았기 때문에 낯설어합니다. 반면에 여성의 경우에는 노여움, 화와 같은 감정을 어려워합니다. 여성은 항상 조신하고 얌전해야 한다는 사회적 프레임에 길들여져 있기 때문이죠. 그렇게 억눌렸던 감정을 표현하기 시작하면서 오히려 위기감을 느끼게 됩니다. 화병이 중년 여성에게 많이 나타나는 이유 중 하나입니다.

감정은 옳고 그름이 없다

그렇다면 어떻게 해야 자신의 마음과 공감할 수 있을까요? 방법은 간단합니다. 지금 떠오르는 마음을 있는 그대로 받아들이고 느끼면 됩니다. 슬프면 슬픔을 느끼고 기쁘면 기쁨을 느끼세요. 괴로우면 괴로움을 느끼고 행복하면 행복함을 느끼세요. 그러면 됩니다. 이게 좋은 감정인지 나쁜 감정인지를 따질 필요가 없습니다.

그런데 우리는 대개 어떤 감정이 느껴지면 이를 좋은 것과 나쁜 것으로 구분합니다. 좋은 감정은 받아들이려고 하고 나쁜 감정은 피하거나 부정하거나 억제하려고 합니다. 이것이 문제를 일으킵니다.

심리학자 칼 융(Carl Gustav Jung)은 '저항하는 건 지속된다(What we resist persists)'고 말했습니다. 지금 당장은 나쁜 감정에서 벗어나는 것처럼 보여도 실제로는 모두 내면에 남아 있습니다. 감정은 온전히 받아들여질 때까지 점점 더 쌓여만 갑니다. 그렇게 점점 내면 깊은 곳에서 곪다가 결국 어느 날 순간적으로 폭발하게 됩니다. 분명 인내심이 깊고 착한 사람인데 어느 날 갑자기 작은 일에 돌변하며 폭발하는 경우가 있죠. 쌓고 쌓아왔던 화를 더 이상 견디지 못하고 폭발해내는 겁니다. 쌓아놓은 게 많을수록 에너지가 큽니다.

그러니 평소에 자신의 감정을 있는 그대로 느끼는 연습이 필요합니다. 좋고 나쁨에 대한 판단 없이 있는 그대로 받아들여보세요. 화가 나면 화를 느껴야 합니다. 느낌으로써 화를 온전히 이해해야 합니다. 온전히 이해했을 때 화를 다스릴 수 있는 힘이 생기고 화라는 감정을 풀어낼 수 있는 지혜를 얻을 수 있습니다. 더 나아가 다른 사람의 화에 공감할 수 있고, 화를 내는 사람을 이해할 수 있게 됩니다. 내가 화를 100% 느껴봐야 다른 사람의 화에도 공감할 수 있는 겁니다. 화뿐만 아니라

꿈 따위는 없어도 됩니다

사람의 모든 감정이 다 그렇습니다.

**몸에 힘만 빼도
감정이 이완된다**　　　　지금까지 긍정적이라고 판단했
던 감정들을 느끼는 데는 거부감
이 없을 겁니다. 다만 부정적이라고 판단했던 감정들은 받아
들이기 어려울 수도 있습니다. 그럴 때 도움이 되는 방법들이
있습니다. 우선 몸에 힘을 빼세요. 부정적이라고 판단했던 감
정을 느낄 때 인간은 대체로 어깨에 힘이 들어갑니다. 어깨에
힘을 뺀 뒤 차츰 몸 전체에 힘을 빼보세요. 호흡이 불규칙해지
고 빨라지는 경향도 있습니다. 들이마시고 내쉬는 호흡에 집
중하세요. 점차 그 리듬이 안정되고 호흡이 깊어지는 것을 확
인해보세요. 복식호흡, 단전호흡을 해보겠다며 억지로 배에
힘을 줄 필요는 없습니다. 잘못 힘을 주면 오히려 근육에 무리
가 생길 수 있습니다. 힘을 주지 말고 그냥 들이마시는 공기
가 배 깊은 곳까지 흘러 들어갔다가 다시 나오는 것을 관찰하
세요.

　이렇게 몸을 이완시킨 다음에 감정을 살피면 됩니다. 만약
내가 느끼는 감정이 분노라면 이렇게 말해보세요.

'지금 나에게 분노가 왔구나. 내가 지금 분노를 느끼고 있구나.'

그냥 이렇게 읊조려보세요. 감정을 무시하지 않되 감정에 휩싸이지 않는 방법입니다. 감정을 컨트롤하지 못하는 사람은 감정을 완전히 무시하기도 하지만, 반대로 감정에 휩싸여버리기도 합니다. 분노라는 감정을 느끼고 있는지도 모르거니와 분노라는 감정과 자기 자신을 일치시켜 버립니다. 뒤늦게야 정신없이 마음껏 분노를 표출해버렸음을 알고 후회하죠. 몸을 이완시킨 뒤 감정을 직시하면 점차 그 감정을 이해할 수 있고 그 감정에서 자유로울 수 있습니다.

단어의 수위를 낮춘다

애초에 '분노'라는 단어 자체에서 벗어나는 방법도 있습니다. 사실 감정이라고 하는 건 우리가 느끼는 자극의 조합으로 표현할 수 있습니다. 자신이 느끼는 여러 자극들이 있는데 이를 단순하게 표현하기 위해 '분노(anger)'라는 단어를 활용하는 겁니다. 사람마다 같은 단어를 쓰더라도 느끼는 자극은 다르며, 같은 자극을 느끼더라도 사용하는 단어가 다르죠. 완전히 같을 수

꿈 따위는 없어도 됩니다

가 없습니다. 단어 자체가 실제 현상을 있는 그대로 표현할 수 없다는 뜻입니다. 언어가 갖고 있는 한계죠.

지금까지 분노라고 정의 내렸던 감정이 느껴질 때 사용하는 단어를 바꿔보세요. 조금 더 귀엽고 덜 부정적인 느낌의 단어를 사용하는 겁니다. '성났어', '불편해' 등으로 말이죠. 분노뿐만 아니라 '짜증 난다'는 단어도 '기분이 좀 언짢다' 같은 더 낮은 수위의 표현으로 찾아서 바꿔 말하면 좋습니다. 또는 감정을 표현하는 단어 자체를 없애고 그냥 몸의 반응만 있는 그대로 느껴보세요. 호흡이 가빠지고, 어깨에 힘이 들어가고, 열이 머리 위로 향하고, 목뒤 근육이 굳어지고 있는 걸 말입니다. 그러면 자연스럽게 내 몸의 변화를 감지하고 그 감정에서 벗어날 실마리를 얻게 됩니다.

● 나는 나고 너는 너다 ●

백 사람에겐 백 개의 세계관이 존재한다

인간관계의 갈등을 해결하기 위해 공감이 필요합니다. 다만 여기서 착각해선 안 됩니다. 공감이 중요하다고 해서 남의 생각과 감정을 있는 그대로 따를 필요는 없습니다. 분리하고 구별할 필요가 있습니다. 이를 간단히 '분별'한다고 표현하겠습니다.

분별을 위해 우선 세계관에 대해 이해할 필요가 있습니다. 사람은 태어나 자라면서 각자 자신만의 세계관을 형성합니

꿈 따위는 없어도 됩니다

다. 우리가 즐기는 영화, 소설, 게임 등도 그 작품만의 세계관이 있습니다. 시간적, 공간적, 사상적 배경에서 탄생하는 거죠. 그것을 토대로 캐릭터와 인과관계, 스토리가 창조됩니다. 세계관은 한 작품의 뼈대 역할을 하는 겁니다. 세계관이 정립되지 않은 상태에서 나온 작품은 스토리가 중구난방으로 흘러갈 수밖에 없습니다.

한 개인의 세계관도 이와 유사합니다. 사람도 태어나는 순간부터 다양한 환경에 처하며, 그 안에서 수많은 정보를 얻게 됩니다. 연약한 몸으로 낯선 환경 안에서 살아남기 위해선 세상이 어떤 곳인지 이해할 필요가 있습니다. 낯선 환경에 처하고 새로운 정보를 받아들일 때마다 내가 살고 있는 세계가 어떤 곳인지, 나는 어떻게 살아야 하는지를 조금씩 정립해나갑니다. 마치 퍼즐을 맞추듯이 말이죠. 그렇게 자신만의 방식으로 세상을 이해하게 되고, 세상을 바라보는 관점을 갖게 되며, 정보를 처리하는 기준을 갖게 됩니다.

그런데 재미있는 사실이 있습니다. 우리 대부분은 스스로가 이렇게 자신만의 세계관을 갖고 살아가고 있다는 걸 잘 모릅니다. 세계관이란 영화, 소설, 게임에만 있는 줄 알고 있죠. 같은 문화권, 같은 국가, 같은 도시, 같은 동네, 심지어 같은 집에서 살고 있는 가족조차도 각자 다른 세계관을 갖고 있다는 것도 간과할 때가 많습니다. 그러니 인간관계의 갈등은 필연적입니다. 그 누구도 다른 타인과 완벽하게 세계관이 일치하지는 않으니까요.

보고 싶은 것만 보고 듣고 싶은 것만 듣는다

가장 재밌는 건 각자의 세계관 안에서 그것에 맞는 현실만을 보고 듣고 느끼며 살아간다는 겁니다. 정치와 종교가 화제의 금기어가 된 것도 이 때문입니다. 자칫 잘못하면 상대의 말 한 마디에 짜증이 치솟는 경우가 부지기수입니다. 가벼운 대화가 무거운 논쟁이 되고 최악의 경우 싸움으로 변질되기도 합니다. 서로가 진실을 왜곡한다며 비난합니다.

이때 재미있는 건 양측 모두 자신의 말이 진실이라고 진심으로 믿는 경우가 많다는 겁니다. 둘 다 자신이 직접 보고 듣고 느낀 것을 바탕으로 진심을 담아 이야기합니다. 그런데 상대방은 아니라고 합니다. 틀린 점을 지적합니다. 그러니 싸울수밖에 없습니다.

이 경우 답이 없습니다. 양쪽 다 맞는 말을 하고 있기 때문입니다. 양쪽 다 자신이 직접 보고 듣고 느낀 것들을 이야기하

꿈 따위는 없어도 됩니다

고 있습니다. 심지어 같은 사건을 두고도 다른 이야기를 합니다. 각자의 경험이 다르고, 세계관이 다르기 때문이지요. 양쪽 다 자신만의 세계관 안에 갇혀 있기 때문입니다. 이것은 나이가 들수록 더 심해지기도 합니다. 굳어진 자신의 세계관 밖에서 일어난 정보를 받아들이지 않기 때문입니다. 그럴 경우 인식 자체를 못합니다.

자기가 보고 싶은 것만 보고 듣고 싶은 것만 듣는다는 말이 있죠. 실제 사람의 감각도 그렇습니다. 우리는 현상을 있는 그대로 보고 들으며 사는 게 아닙니다. 우리의 신체 기관이 해석하는 방식에 맞게 받아들이고 있을 뿐입니다.

게다가 전체를 있는 그대로 받아들이는 게 아니라 자신이 관심 있는 부분을 중점적으로 받아들입니다. 옷을 사려고 할 때 지나가는 사람들의 옷이 유난히 잘 보이는 것도, 시끄러운 시장 안에서도 자기 이름은 잘 들리는 것도 이 때문입니다. 이런 현상을 잘 알아야 합니다. 당신의 생각은 맞을 수도 있고 틀릴 수도 있습니다. 상대의 생각도 틀릴 수도 있고 맞을 수도 있습니다. 이것만 이해해도 많은 인간관계의 갈등이 풀립니다. '저 사람은 저럴 수도 있겠구나'라고 생각할 수 있는 여지가 생깁니다. 같은 공간 안에서 같은 사건을 겪어도 이를 다르게 해석할 수 있다는 것을 받아들이게 됩니다.

간혹 자신의 생각, 신념, 가치관, 믿음을 일방적으로 요구하는 사람이 있습니다. 자신의 생각만이 정답이고 타인은 잘못되었다고 주장합니다. 그런 사람을 만나면 나의 세계관을 이해해달라고 설득하느라 에너지를 낭비할 필요가 없습니다. 그냥 이렇게 생각하고 당신은 당신의 삶을 살아가면 됩니다.

'아, 그렇군요. 그럼 당신은 그렇게 사세요.'

●내 생각은 다르다●

사실과 의견을 구분하라

아무리 나보다 똑똑한 사람이고 사회적 지위가 높은 사람일지라도 그 사람의 말을 곧이곧대로 받아들일 필요는 없습니다. 심지어 비슷한 세계관을 공유하고 있는 사람일지라도 말이죠. 그들의 말도 잘 분석해보면 크게 두 가지로 나뉜다는 걸 알 수 있습니다. 사실과 의견입니다.

사실은 '실제로 있었던 일이나 지금 현재 있는 일'이라면, 의견은 '어떤 대상이나 현상에 대해 가지는 생각'을 뜻합니다.

예를 들어볼까요. 명절에 고향집에 내려가니 친척 어른이 이렇게 말합니다. '너 아직 사귀는 사람이 없구나. 지금껏 살아보니 여자는 30대로 넘어가기 전에 결혼해야 행복하더라.' 여기서 사실은 뭔가요? 아직 사귀는 사람이 없다는 겁니다. 그럼 여자는 30대로 넘어가기 전에 결혼해야 행복하다는 건 뭔가요? 의견이죠. 결코 사실이 아닙니다. 친척 어른과 나라는 사회적 관계 탓에 주관적인 의견이 마치 객관적인 사실인 것마냥 둔갑한 것뿐입니다.

우리 사회의 저명한 지식인들이 나와 토론하는 모습을 유심히 살펴보세요. 아무리 배경지식도 풍부하고 논리적인 사고 체계를 갖추고 있다 하더라도 100% 사실만을 이야기하지는 못합니다. 그들의 메시지 안에는 객관적인 사실과 주관적인 의견이 섞여 있습니다. 우리가 평소에 주고받는 모든 정보가 마찬가지입니다. 심지어는 '이건 팩트야'라고 외치는 근거나 자료 안에도 교묘하게 주관적인 의견이 숨어들어 있는 경우도 많습니다.

'사실'은 '맞다, 틀리다'의 영역입니다. 진짜 사실인지 아닌지 분간할 수 있습니다. '의견'은 '같다, 다르다'의 영역입니다. 의견에는 절대 옳음과 절대 틀림이란 없습니다. 각자의 선호와 각자의 최선이 있을 뿐입니다. 그런데 많은 사람들이 '다르다'와 '틀리다'를 구분하지 않고 사용합니다. 전체 문장과 맥락을 파악한다면 개떡같이 말해도 찰떡같이 그 사람이 어떤 의미로 사용했는지 대략 이해할 수는 있습니다. 하지만 언어 사용이 사람의 생각하는 방식에 미치는 영향은 큽니다. '다르다'와 '틀리다'를 구분 없이 사용하다 보면 사실과 의견을 분별할 수 없게 됩니다. 이는 곧 인간관계의 갈등으로 이어집니다. '다르다'와 '틀리다'는 엄연히 '다른' 겁니다.

내 행복은 내가 만들어가면 그만

자, 그렇다면 다시 명절에 만난 친척 어른 이야기로 돌아가봅시다. '너 아직 사귀는 사람이 없구나. 지금껏 살아보니 여자는 30대로 넘어가기 전에 결혼해야 행복하더라'라는 말을 들었습니다. 이제 분별해보세요. 사귀는 사람이 없다는 건 사실입니다. 인정하면 됩니다. 그다음 말은 전부 의견입니다. 그 의견이 내 행복을 결정짓는 건 아닙니다. 내 행복은 내가 만들어가면 그만입니다. 그냥 상대방의 의견은 잘 듣고 이렇게 넘기면 됩니다.

'그런데 내 의견은 달라.'

말이 나온 김에 한 가지 더 분별할 게 있습니다. 과제의 분리입니다. 친척 어른께서는 진심으로 나의 행복을 위해 이런 말씀을 했을 겁니다. 마음을 표현하는 방식에서 의도치 않게 감정적인 상처를 남겼지만 말이죠. 그 마음만은 감사히 받아들이는 것도 좋겠습니다. 다만 결혼이 누구의 과제인지 알아야 합니다. 결혼은 결국 당사자의 과제입니다. 친척 어른의 과제가 아니죠. 혹여나 인생을 먼저 살아온 사람으로서 조언을 하는 게 친척 어른의 과제라면, 언제 결혼을 하고 행복하게 사느냐는 나의 과제입니다. 내 과제는 내가 주도적으로 결정하고, 타인의 과제는 타인에게 맡기면 됩니다.

상대방이 나의 과제에 대해 왈가왈부하는 것에 너무 얽매일 필요가 없는 거죠. 마찬가지로 내가 상대방의 과제에 지나치게 침범할 필요도 없습니다. 조언은 상대방이 원할 때만 하는 게 좋습니다. 원치 않은 조언은 참견이 됩니다.

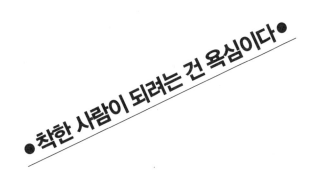

착한 사람이 되려는 건 욕심이다

인간관계에서 분별 능력
이 중요하다는 걸 알아도
막상 실천하지는 못하는 사람들이 있습니다. 착한 아이 증후
군(Good boy syndrome)에 빠져 있는 사람들이 대표적입니다.
그들은 어른이 되어도 착한 아이가 되어야 한다는 강박관념
에서 벗어나지 못합니다. 타인의 요구 사항에 순응하기 위해
자신의 욕구나 감정까지도 억누릅니다. 타인에게 인정과 사
랑을 받기 위해 지나치게 노력하는 심리적 콤플렉스에 빠져

있습니다. 자신이 착한 아이 증후군에 빠져 있는지 모르는 경우도 있습니다. 몸과 마음은 계속해서 많은 상처를 받고 있는데 말이죠. 내면은 끊임없이 곪아가고 있지만 착한 아이라는 허울 좋은 포장 아래 숨겨놓습니다. 사회적으로는 이런 사람들이 모범생으로 평가받는 경우가 많습니다. 그러다 어느 순간 폭발하는 때가 옵니다. 그때 사람들은 말합니다. 사람이 변했다고. 갑자기 왜 저러냐고. 불만을 이야기해도 오히려 이해할 수 없다는 표정을 지을 겁니다. 평소에 아무 말도 없다가 왜 이제 와서 그런 이야기를 하느냐고 말합니다. 변했다고 말합니다. 사람 잘못 본 것 같다고 말이죠. 그들은 그동안 내면 깊은 곳에 곪아 있던 상처는 보지 못했으니까요.

어린 시절 착한 아이가 되려는 건 모두 자신을 보호하기 위한 동물적인 본능입니다. 타인의 인정과 사랑 없이는 생존할 수 없었기 때문이죠. 주로 부모와 가족이 그 대상입니다.

성장하는 과정에서 점차 자신의 생각이 자라고 요구 사항도 생겨납니다.

그러나 애정 결핍이 심하거나, 착한 캐릭터가 고착돼버리면 나이가 들어서도 지나치게 타인의 요구에 순응하게 됩니다. 충분히 자신의 욕구를 주장하고 타인의 요구 사항을 거절할 수 있는 상황임에도 그러지 못합니다. 인정과 사랑을 받지

꿈 따위는 없어도 됩니다

못할까 봐, 사람들한테 미움을 받을까 봐 두려운 거죠. 그런데 과연 이런 것이 정말 착한 삶일까요? 결코 아닙니다. 당신 스스로가 착한 사람이라는 착각을 버려야 합니다. 타인에게 착한 사람이 되기 위해 자기 자신에겐 이미 나쁜 사람이 돼버렸기 때문입니다.

착한 아이가 되려는 것은 욕심이다

앞서 자신의 감정을 온전히 느끼고 이해하지 못하는 사람은 타인에게 공감하기도 어렵다고 이야기했습니다. 마찬가지로 자기 자신에게 나쁜 사람이면서 타인에게만 계속해서 좋은 사람, 착한 사람이 되기는 힘듭니다.

결국엔 자기 자신을 대하는 방식으로 타인을 대하게 되는 것이 인간의 특성이거든요. 진짜 착한 사람이 되고 싶다면 먼저 자기 자신에게 착한 사람이 되어야 합니다. 자신을 이해하고 받아들일 수 있는 사람이 남도 이해하고 받아들일 수 있는 힘이 있습니다.

또 한 가지 중요한 사실이 있습니다. 세상 어느 누구도 모두에게 착한 사람이 될 수는 없다는 것입니다. 한 국가의 대표이

자 최고 권력자인 대통령도 국민의 50% 이상에게 쓴소리를 듣습니다. 인류 역사상 4대 성인으로 인정받는 사람조차 누군가에게는 수시로 비난을 받습니다. 그 와중에 스스로를 계속 억압해가며 그저 착한 사람이 되려고 하는 것은 당신의 욕심일 뿐입니다.

그렇다고 나쁜 사람이 되라는 게 아닙니다. 남들에게 착한 사람으로 비치고 싶은 나의 욕망을 잘 살피세요. 그리고 그 욕심을 살포시 내려놓자는 겁니다. 삶에서 포기가 중요할 때가 있습니다. 착한 사람이 되려는 욕심을 포기하세요. 자신을 무작정 억압하는 데 사용했던 힘을 빼세요. 그랬을 때 당신의 마음이 건강해질 수 있습니다.

● 진짜 매력적인 사람의 비밀 ●

타인의 시선에 갇히지 마라

매력적인 사람이 된다는 건 참으로 멋진 일입니다. 우리는 사람과 사람이 모여 있는 공동체 생활을 할 수밖에 없습니다. 사람을 끌어당기는 매력이 있는 사람은 그만큼 사회적 성취도 높습니다. 일, 명예, 돈 모두 결국에는 사람과 사람 사이에서 일어나는 일에서 발생하는 거니까요.

그렇다면 사람들은 자신의 매력을 높이기 위해 어떤 노력을 하고 있을까요? 대부분 외적인 요소를 가꾸는 데에 투자합니다. 어떤 옷을 입고 어떻게 화장을 하고 어떻게 몸매를 관리하는지에 초점을 둡니다. 성형 수술을 하기도 하고 배경을 구축하는 데 투자하기도 합니다. 사회적 지위, 집, 스포츠카와 명품 가방 등이죠.

외모와 배경은 실제로 사람의 매력을 좌우하는 큰 요소입니다. 솔직히 첫인상은 외모가 좌우하지 않습니까. 인간이 받아들이는 정보의 70%는 시각적 요소이기 때문입니다. 상대방이 어떤 사람인지 알기 위해서는 그 사람의 배경도 간과할 수 없습니다. 외모와 배경보다는 마음이 중요하다고들 하지만, 내가 내 마음도 잘 모르는데 어떻게 첫눈에 상대방의 마음을 알아볼 수 있겠어요. 당장은 눈에 들어오는 외모와 이미 드러나 있는 배경부터 받아들인 뒤 차츰 대화를 나누고 관계를 형성해가며 상대방의 마음을 살피는 과정을 거칠 수밖에 없습니다.

다만 여기서 중요한 사실이 있습니다. 진짜 매력적인 사람, 상대방을 강하게 끌어당기는 사람은 외적인 요소를 가꾸더라도 그저 남에게 매력적으로 보이기 위해서만 하지 않습니다. 남의 시선보다 더 우선시하는 게 있습니다. 그것은 바로 자기표현입니다. '이렇게 하면 사람들이 나에게 매력을 느끼겠지'라는 마음보다 '내가 표현하고 싶은 것에 몰입하자'는 마음이

꿈 따위는 없어도 됩니다

강합니다. 남들이 어떻게 볼지는 첫 번째 기준이 아닌 겁니다.

잘나가는 패션 리더들을 생각해보세요. 시대의 흐름을 이끌어가는 트렌드 세터들을 떠올려보세요. 그들의 의상과 화장과 소품은 때로는 낯설기도 합니다. 그런데 그들이 '사람들이 이상하게 보면 어떡하지', '내가 너무 튀어 보이나', '사람들이 좋게 봐줘야 하는데'라는 고민에 휩싸여 있을까요?

사람들의 시선에 주눅 들어 기가 죽어 있을까요? 아닙니다. 그들은 당당합니다. 마음껏 자신을 표현합니다. 그 에너지와 기운에 사람들이 빠져드는 겁니다. 그들은 그렇게 새로운 문화의 아이콘이 되고 새로운 트렌드가 만들어집니다.

자신에게 몰입할 수 있다는 것

사람들을 몰입하게 하는 예술가들도 마찬가지입니다. 시간 가는 줄 모르고 빠져들었던 공연을 생각해보세요. 우리는 노래를 부르는 가수, 극을 연기하는 배우에게 완전히 마음을 빼앗깁니다. 그들의 표현에 감동받게 됩니다. 그렇게 감동적인 무대를 만들기 위해 가수와 배우는 어떤 노력을 할까요? 준비하는 과정에선 관객에게 더 많은 감동과 행복을 주기 위한 치밀한 노력을 할 겁니다. 하지만 무대에 오르는 순간 관객의 시선은 잊게 됩니다. 그냥 그 무대 자체에 빠져듭니다. 가수는 본인이 노래의 주인공이 된 것처럼 가사와 음정에 빠져들고, 배우는 본인이 배역 자체가 되어버린 것처럼 상황에 빠져듭니다. 발성, 발음, 손동작 등을 기술적으로 행하기보다는 마치 신들린 것처럼 내면에서 끓어오르는 대로 스스로를 맡겨버립니다. 여기서 우러나오는 강력한 카리스마에 우리는 이끌립니다.

진짜 매력적인 사람은 스스로 취해버립니다. 그 상황에 몰입해버립니다. 타인에게 어떻게 매력적으로 보일까 고심하기에 앞서 있는 그대로의 자기 매력을 사랑하고 수용합니다. 있는 그대로의 자신을 사랑합니다. 자신을 사랑할 줄 안다는 사실을 사랑합니다. 소위 말하는 자존감이 높은 겁니다.

이것은 나르시시즘(Narcissism)과는 다릅니다. 나르시시즘이라는 단어는 물에 비친 자신의 모습에 반해버린 그리스 신화 속 미소년, 나르키소스에서 유래되었습니다. 나르키소스는 그냥 자신을 사랑한 것일까요. 아닙니다. 물에 비친 자신의 '아름다운 외모'에 넋을 잃고 사랑에 빠진 겁니다. 즉 아름다운 외모라는 특정 조건이 필요합니다. 반면 자존감은 이런 조건이 필요 없습니다. 있는 그대로 스스로에 대한 사랑을 펼칠니다. 비교 대상도 필요 없습니다. 그냥 존재 자체로서 스스로를 아끼고 사랑합니다.

그렇다면 어떻게 자존감을 높일 수 있을까요? 사실 진짜 자존감이 높은 사람은 자존감에 대해 신경 쓰지도 않습니다. 무언가를 의식하고 쫓는다는 건 그게 지금 나에게 없다는 걸 의미하니까요. 진짜 행복한 사람은 굳이 행복을 쟁취하려고 노력하지 않는 것처럼 말이죠.

다만 지금부터라도 자존감을 높이고 싶다면 자기 자신을 사랑하는 연습이 필요합니다. 우선 자기 감정을 받아들이는 데서 시작하면 좋습니다. 지금 내가 느끼고 있는 감정을 아무런 판단 없이 있는 그대로 받아들이고 느끼는 겁니다. 내가 받아들이지 않는 감정들이 있다는 건 그 감정을 느끼는 나를 인정하지 않는다는 겁니다. 그런 나는 그림자가 되어 내면 깊숙한 곳으로 숨어버립니다. 그런 그림자가 많은 사람일수록 있는 그대로의 나가 아닌 조건화된 나를, 가면을 쓴 나를 앞세우게 됩니다. 자존감과 멀어지게 됩니다. 슬퍼하는 나, 우울해하는 나, 행복해하는 나, 분노하는 나 모두 받아들이세요. 때로는 지질해 보이는 자기 자신도 숨기지 말고 있는 그대로 바라보세요. 그런 과정이 반복되었을 때 점차 나를 사랑하는 법을 알게 되고 자존감이 높아지며 매력적인 사람이 됩니다.

●모든 문제는 사랑의 결핍에서 시작되었다●

**콤플렉스는
왜 생기는 걸까**

사랑받고 있나요. 사랑하고 있나
요. 사람은 다른 사람으로부터 사
랑을 받기 원하고, 또 한편으로는 사랑을 주기를 원합니다. 사
랑은 인간의 본능이고, 인류의 가장 큰 가치입니다. 마음껏 사
랑받고 마음껏 사랑할 때 우리 내면은 건강해지고 관계의 문
제가 해결되며 삶 전체가 즐거워집니다. 그런 사람들이 많아
질수록 우리 사회는 더욱 평화로워집니다.

어린 아이들을 살펴보세요. 그들은 사랑에 대해 스스로를

꿈 따위는 없어도 됩니다

억압하지 않습니다. 사랑을 받는 것에도 주는 것에도 전혀 인색하지 않습니다. 눈앞에 보이는 가족을 보며 마음껏 웃고, 관심이 가는 대상에 적극적으로 다가섭니다. 실수가 두려워 주저하지 않고 설령 실수를 했더라도 다시 시도합니다. 순수합니다. 그렇기에 더욱 사랑스런 존재입니다.

우리 모두 그런 아이들로 태어났습니다. 그렇게 순수했고 사랑에 자유로웠습니다. 하지만 가정, 학교, 직장, 사회를 거치며 점차 자신의 빛을 잃어갔습니다. 있는 그대로의 자신이 온전히 사랑받을 수 없다는 걸 경험했기 때문입니다. 내면에서 올라오는 사랑을 표현할 때 오히려 위협받을 수 있다는 걸 경험했기 때문입니다. 그런 경험이 많을수록 스스로를 감추기 위한 가면을 강화합니다. 그 가면으로 사랑을 받으려 합니다. 사람이 갖고 있는 심리적인 문제를 파고들다 보면 결국에는 그 중심에 '사랑'이 있습니다.

아이가 태어난 이후 육체적으로 성장하는 것과 동시에 내면적인 성장이 일어납니다. 각 단계마다 발달시켜야 하는 심리적인 욕구와 내면 의식이 있습니다. 그때 욕구가 잘 받아들여질수록, 욕구를 가진 존재로서 충분히 사랑받은 아이일수록 안정감을 얻게 됩니다.

그 반대의 경우에는 상처를 받게 되고, 육체적 성장과는 상관없이 무의식에 남게 됩니다. 발달시켜야 할 욕구는 성장을 멈춘 채 그대로 남아 있습니다. 도중에 해결되지 않는 한, 어른이 되어서까지 그 욕구는 내면에 머물면서 애정 결핍과 같은 각종 콤플렉스를 일으킵니다.

사랑해주기를 기다리기 전에 내가 사랑하면 된다

사랑을 받아본 사람이 사랑을 잘 주기도 합니다. 주변을 살펴보면 '저 사람은 정말 사랑받고 자랐구나' 싶은 사람들이 있습니다. 성격이 밝고 사람들과 잘 나누고 협력할 줄 알며 마음이 편안해 보입니다. 온전히 사랑받은 경험이 많기에 자유롭게 사랑을 표현할 줄도 압니다. 순수했던 어린아이의 모습을 갖고 있는 겁니다. 그런 사람들은 참 매력적이고 또 계속해서 사랑받는 사람이 됩니다.

그렇다면 지금의 내가 그렇지 못한 것은 어렸을 때 충분히 사랑받지 못했기 때문일까요? 이 모든 게 주위 사람들 탓일까요? 아닙니다. 그들 역시 고의로 당신에게 상처를 주려고 했던 게 아닙니다. 그들 나름대로 사랑을 표현했으나 그 사랑이 제대로 전달되지 않았고, 그 방식에 오해가 있었을 뿐입니다.

그들 역시 온전히 사랑을 받아본 경험이 부족했기에 자신의 사랑을 전달하는 방식에 미숙했을 뿐입니다. 사실 우리는 이미 많은 사랑을 받고 있습니다. 우리는 그 사실을 인식하기만 하면 됩니다.

더군다나 당신에겐 힘이 있습니다. 타인이 사랑해주기를 기다리기 전에 스스로를 사랑할 수 있는 힘이 있습니다. 단지 조금 용기를 내면 됩니다. 스스로를 사랑하세요. 자기 자신을 있는 그대로 인정하고 수용하세요. 부족하고 불안정한 내 모습도 받아들이세요. 처음부터 모든 것을 받아들일 수는 없겠지만, 조금씩이라도 그 범위를 늘려가세요. 그렇게 자신에 대한 사랑을 키워가세요.

이제 마음껏 사랑을 나누세요. 어린아이처럼 순수해지는 겁니다. 당신은 충분히 사랑받을 가치가 있고 충분히 사랑할 수 있는 힘이 있습니다. 사랑에 인색하지 마세요. 자유로우세요. 그랬을 때 내면에 갖고 있는 대부분의 문제들, 관계에서 겪게 되는 대부분의 갈등은 자연스레 풀리게 됩니다. 결국엔 모든 문제들은 사랑의 결핍에서 시작되니까요.

가족조차도 각자 다른 세계관을 갖고 있습니다.
그러니 인간관계의 갈등은 필연적입니다.

Q7

나는 회사의
주인일까?

솔직히 회사의 주인이 '나'는 아니잖아요

회사는 회사, 나는 나

회사는 주인의식을 갖고 일하라고 합니다. 그런데 솔직히 말해 회사의 주인이 나는 아니죠. 법적으로 따지자면 주식회사는 주주가, 개인 회사라면 대표가 주인입니다. 주인이 아닌 걸 뻔히 알고 있는데 주인의식을 가지라고 말한들 아무 소용이 없습니다. 주인의식을 가질 수 있게끔 환경을 조성하는 게 먼저입니다.

이런 논리로 '주인의식을 갖고 일해'라는 말에 반박하는 사람들이 늘어나고 있습니다. 점차 회사는 회사고 나는 나라는 의식이 강해지고 있습니다. 시대의 변화에 따른 자연스런 흐름입니다. 그럼에도 무의식 깊은 곳에서는 아직 조직과 나를 동일시하는 경향이 남아 있습니다.

　자신이 속해 있는 조직이 자기 자신을 나타낸다고 생각합니다. 어디에 소속되어 있다는 명함 속 정보로 자신의 정체성을 표현하려 합니다. 조직의 규모와 인지도가 자신의 가치를 증명한다고 생각합니다. 소위 잘나간다는, 사회에서 인정받는 대기업이나 글로벌 기업, 정부 기관에 다니고 있는 직장인들 중에서는 이런 사람들이 매우 많습니다. 좋습니다. 사회적으로 인정받는 조직에 들어가기 위해 얼마나 노력했겠습니까. 자부심을 갖고 조직의 구성원으로서 열심히 일하는 건 멋진 일입니다. 하지만 자신이 속해 있는 조직과 자신의 정체성을 혼돈하면 안 됩니다. 이 경우 조직에서 벗어나는 순간 '나는 누구인가'라는 근본적인 질문에 부딪히며 스스로 정체성을 잃어버립니다. 그로 인해 받게 되는 심리적 충격은 아무리 경험과 연륜이 깊다 해도 아플 수밖에 없습니다. 은퇴한 사람 중에는 이런 유형이 많습니다.

　최근에 명예퇴직을 한 대기업의 중역은 "퇴직을 하고 가장 견디기 어려운 것은 심리적 측면"이라고 털어놓았다. '어느 직장에서 무엇을 하는 어떤 직책'을 가진 사람임을 말해주는 명함이 없이는 자신을 다른 사람에게 소개할 수 없었던 것이다.

— 구본형, 『익숙한 것과의 결별』 중에서

상대적으로 규모가 작고 인지도가 부족한 중소기업에 다니는 사람들은 다를까요? 겉으로 봤을 때는 자신이 속한 조직과 자신의 정체성에 거리를 두는 것 같지만 속내는 같습니다. 다만 자부심이 아닌 열등감으로 표현될 뿐입니다. 이 경우 조직의 상대적 매출 규모, 직원 수, 인지도만큼이나 자신의 가치를 낮게 평가합니다. 겉으로 드러나는 현상이 다를 뿐 규모가 크건 작건 무의식에서는 똑같이 조직과 자신을 동일시하고 있는 것입니다.

공간은 나의 움직임에 따라 변한다

분명 기업 간에는 매출이나 자본금, 브랜드 가치 등이 차이가 납니다. 숫자로 표현되는 정량적 지표들을 통해 기업의 순위를 매기기도 합니다. 분기마다 재무제표를 기준으로 재계 순위를 매길 수 있으며, 매년 주관적으로 보이는 브랜드

가치조차 화폐 단위로 환산해 줄을 세울 수 있습니다. 그런데 기업의 정량적 가치와 나의 가치가 과연 동일할까요? 내가 다니는 기업의 가치와 연봉이 나라는 사람을 말해주는 걸까요?

물론 돈은 중요합니다. 하지만 내가 받는 급여의 수준으로 스스로의 가치를 낮춰서는 안 됩니다. 스스로를 높여야 정신적으로도 경제적으로도 도약의 기회가 열립니다. 현재 상황이 어떻든 그것은 영원하지 않으며 당신의 미래에 어떤 일이 생길지는 아무도 모릅니다. 자신을 낮게 보는 사람을 세상이 높게 봐줄 리가 없습니다.

자신이 속한 조직과 스스로를 구분하는 연습을 하세요. 현재 속해 있는 조직은 경제 활동을 위해 내가 잠시 머무르고 있는 사회적 공간일 뿐입니다. 그 공간이 곧 나는 아닙니다. 내가 그 공간에 머무르고 있을 뿐입니다. 공간은 나의 움직임에 따라 변하기 마련입니다. 그러므로 결국 그 움직임을 행하고 있는 내가 중요합니다.

꿈 따위는 없어도 됩니다

나는 회사를 위해 일하지 않는다

회사가 아닌 나를 위해 일하라

회사와 나를 재정의하세요. 지금까지 갖고 있던 전통적인 고용주와 피고용인의 이미지에서 벗어나세요. 회사는 압도적인 힘으로 나를 종속시켜 버리는 거대 집단이 아닙니다. 성장을 위해 상호 협의하에 필요한 걸 주고받는 협력체입니다. 더이상 스스로를 조직이라는 울타리 안에서 일방적으로 노동력을 제공하는 수동적인 존재로 바라보지 마세요. 자기 인생의 CEO로서 조직 안에서 자신의 역할을 수행하고 있는 주체로 자신을 바라보면 생각이 새로워집니다.

현실적으로 그럴 수 없다고 생각할 수도 있습니다. 이런 관점으로 사회를 바라보기엔 개인의 힘은 약하고 조직은 거대하니까요. 그 말도 맞습니다. 그 현실을 무시하자는 말이 결코 아닙니다. 회사를 위해서 내가 일하는 게 아니라 나를 위해 회사를 다닌다고 관점을 바꿔서 생각해보자는 겁니다. 자기 자신을 외부 영향을 일방적으로 받기만 하는 수동적인 대상이 아니라, 스스로 뭔가를 하고 있는 능동적인 인간으로 인식해보자는 겁니다. 그렇게 생각하면 자신의 삶을 바꿔갈 수 있는 힘이 생기기 때문입니다.

CEO는 무엇을 하는 사람인가요? 맞습니다. 경영을 하는 사람입니다. 이제 여러분들은 일방적으로 업무 지시를 받기만 하는 사람이 아닙니다. 주어진 환경에서 스스로를 경영하는 사람입니다. CEO니까 무조건 최선을 다해 열심히 일하라는 게 아닙니다. 오히려 CEO라는 관점을 갖고 있어야 완급 조절이 가능합니다. 스스로를 회사의 말단 직원으로 봤을 때와 자기 인생의 CEO로 봤을 때 주도권 차이가 생기기 때문입니다. 여러분은 단순히 회사에 소속되어 있는 사람이 아닙니다. 회사와 업무 계약을 맺고 함께 성장해가는 파트너입니다.

파트너는 서로 도움을 주고받습니다. 각자 자신의 장점을

꿈 따위는 없어도 됩니다

살리되 부족한 점은 보완해주죠. 맞습니다. 종속 관계와는 분명 다릅니다. 스스로의 인식을 높이세요. 이제 자신의 성장을 위해 회사를 적극 활용하세요. 가장 기본적으로는 회사를 업무를 숙달하는 배움의 장으로 이용하는 겁니다. 물론 회사는 학교가 아닙니다. 성과를 내야죠. 마냥 보호받지도 못합니다. 그렇기에 오히려 최고의 학습 효과를 누릴 수 있습니다. 실전이니까요. 대신 주어진 과목을 일방적으로 따르는 게 아니라 스스로 커리큘럼을 설계해나가세요. 마냥 주어진 업무만 기계처럼 처리한다는 생각에서 벗어나 스스로 커리어를 만들어나간다고 생각하세요. 회사 일이라는 게 원하는 대로만 흘러가는 건 아니지만, 그렇다고 손 놓고 있으면 원하는 길에 한 발짝도 다가서지 못할 겁니다.

힘들다고 투덜댈 시간에 회사를 활용하라

조직이라는 시스템을 활용하세요. 회사를 나온 이후에는 알게 됩니다. 회사의 일원으로서 내가 할 수 있었던 일들을 퇴사 이후에는 하기 힘들다는 사실을 말입니다. 심지어 회사 안에서 업무 보조용으로 사용했던 흔한 장비, 설비,

지식 콘텐츠도 회사를 나오고 나면 수백만 원에서 수천만 원의 사비를 들여야만 이용할 수 있다는 현실을 깨닫기도 합니다.

또 회사에 소속되어 있기에 형성할 수 있는 인적 네트워크도 있습니다. 일반 개인이었다면 절대 만날 수 없는 사람들도 업무상 손쉽게 연락을 주고받을 수 있습니다. 이런 회사의 환경을 사적으로 이용하라는 게 아닙니다. 업무를 하면서 동시에 전략적으로 자기 실력을 키우고 경험의 폭을 늘려 나가라는 겁니다. 힘들다고 투덜대는 시간에 어떻게 회사를 활용할지 고민해보세요. 왜냐하면 당신에게도 언젠가 반드시 회사를 떠나 스스로 일어서야 할 때가 오기 때문입니다.

꿈 따위는 없어도 됩니다

나만의 프로젝트를 만들어라

사실 어느 조직에 속해 있건 혹은 독립적으로 일을 하건 대부분의 사람들이 열심히 일하고 있습니다. 누구 하나 쉽게 살아온 사람이 없지 않습니까. 그런데 연말이 되어 지난 시간을 돌이켜보면 이런 생각들을 하게 됩니다. '분명 뭔가 열심히 한 것 같은데 뭘 한 거지.' 매일 내 맘대로 놀고먹고 쉬었던 것도 아닙니다. 피곤한 몸을 이끌고 출근길에 올라 하기 싫고 버거운 일도 묵묵히 해왔습니다. 전화, 이메일, 회의, 보고, 출장 등으로 바쁜 나날을 보내죠. 원치 않는 회식 자리에 억지로 웃으며 참여할 때도 있습니다. 그런데 왜 지난 시간을 돌이켜봤을 때 도대체 뭘 했는지 의구심이 들까요?

이렇게 스스로를 돌아보며 성찰하는 시간을 가진다면 그나마 다행입니다. 그조차 너무 바빠 계속 미루다 보면 어느 날 반 강제로 자신을 성찰해야 되는 시기가 옵니다. 지금의 조직에서 벗어나야 할 때입니다. 그게 본인이 원해서 준비한 이직이든, 회사 사정으로 인한 강제 퇴사든 말이죠. 그렇기 때문에 6개월에 한 번쯤은 자기 자신을 돌아볼 필요가 있습니다.

경주마처럼 무작정 앞만 보고 달리는 게 아니라, 잠시 멈춰서서 내가 어느 길로 가고 있는지 살펴봐야 합니다. 인생의 꽃길이 어디인지 알 수는 없어도 최소한 내가 지금 어디에 있는지는 확인할 수 있어야 합니다. 이때 이력서가 필요합니다.

지금 한 번 시간을 내서 자신의 이력서를 작성해보세요. 그동안 무슨 일을 했고 어떤 성과를 냈는지를 말이죠. '나는 그동안 열심히 일했어'를 이력서라는 서류에 담아보세요. 시장의 입장에서 나라는 사람이 어떻게 평가받을 수 있는지 살펴보세요. 그 순간 많은 분들이 느낄 겁니다.

'이력서에 진짜 쓸 게 없구나.'

꿈 따위는 없어도 됩니다

허망한 느낌이 들 수도 있습니다. 스스로 부끄럽지 않게 열심히 일했어도 막상 자기 이력서에 쓸 말이 없으니까요. 쓸 수 있는 내용이라고는 '어느 회사, 어느 팀에서 일했다'는 뻔한 사실과, 회사 홈페이지 직무 소개서에서나 쓸 법한 아주 보편적인 직무 내용이 전부일 수 있습니다. 같은 회사 같은 팀에 있는 사람이라면 누구나 똑같이 쓸 수 있겠다고 생각이 드는 그런 내용으로 말이죠. 괜찮습니다. 지금 그 안타까운 마음을 느끼는 게 낫습니다. 그래야 막상 중요한 시기에 내 가치를 내 허락 없이 마음대로 평가받는 상황에 휘둘리지 않을 테니까요.

무작정 열심히 한다고 인정받는 건 아니다

무작정 열심히 일하는 것만이 정답이 아닙니다. 자신을 표현하고 스스로의 가치를 높일 필요가 있습니다. 그 시작이 이력서입니다. 이력서를 작성하는 순간 좀 더 넓은 관점에서 나와 내 일을 돌아보게 됩니다. 관점을 바꾸지 않는 한 사람은 당장 자기 앞의 일에만 집중하게 됩니다. 그 상황에만 매몰돼버립니다. 그러다 내가 원치 않는 길로 한참을 열심히 달리다 뒤늦게 '이건 내가 원하는 곳이 아니었어'라고 후회합니다. 남들이 달리고 있어 함께 열심히 달리다가 뒤늦게 '근데 내가 여기서 왜 달리고 있지'라며 혼란을 겪습니다.

꼭 이직을 하지 않더라도 6개월에 한 번씩 자신의 이력서를 작성해보시길 바랍니다. 자신을 돌아보는 것도 충분히 가치 있는 일입니다. 내가 그동안 얼마나 성장했는지, 내가 어떤 위치에 있는지 객관적으로 살펴보는 하나의 지표가 될 수 있습니다. 현재 내가 어디에 발을 딛고 서 있는지 그 위치를 알아야 새로운 목표와 계획을 세울 수 있습니다. 단순히 과거 사실을 기록해두는 게 이력서의 목적이 아닙니다. 원하는 미래를 그려나가기 위한 하나의 발판을 만드는 것이 목적입니다.

프로그래머나 디자이너처럼 자기만의 작품 혹은 결과물이 있는 사람들 중에는 개인 포트폴리오를 관리하는 경우가 많습니다. 직무나 직업을 떠나 지식근로자 모두에게 이런 포트폴리오 관리가 필요합니다. 그 시작이 이력서 작성이고요. 직장에 속해 있다는 건 결국 내가 나의 CEO로서 기업과 비즈니스 거래를 하는 겁니다.

내가 들이는 노력이 충분히 인정받고 그 거래가 지속되려면 나라는 기업이 얼마나 매력이 있는지 스스로 표현할 줄 알아야 합니다. 내 입장에서 무작정 열심히 일했다고 그 노력이 모두 인정받는 건 아닙니다. 제삼자의 관점에서 스스로를 돌아봐야 합니다. 그래야 더 중요한 일이 뭔지 올바른 방향이 어떤 쪽인지 파악해서 효과적으로 내 일의 가치를 존중받을 수 있습니다.

당신은 일상 업무만을 하고 있나요?

지금 이야기를 듣고 바로 간단하게나마 이력서를 써봤나요? 그런데 막상 작성해보니 답답함이 몰려오기도 합니다. 아무리 봐도 내가 열심히 일했다는 걸 증명할 방법이 없는 경우가 있으니까요. 사실 어느 회사, 어느 팀에서 몇 년 일했다는 사실 외에 이력서에 기재할 수 있는 것은 일반적인 자격증밖에 없습니다.

그렇다면 뭐가 문제일까요? 분명 열심히 일했는데 이력서에 쓸 게 없다면 뭐가 잘못된 것일까요? 내 능력이 없는 거라 생각하면 그만일까요? 이것은 단지 개인의 능력만을 탓할 문제가 아닙니다. 다만 여기에 전략이 부족했다는 점을 말하고 싶습니다. 자기 자신에게 한 번 물어보세요.

'나는 일상 업무를 하고 있나, 프로젝트형 업무를 하고 있

나?'

일상 업무와 프로젝트형 업무는 성격이 많이 다릅니다. 일상 업무는 이미 만들어져 있는(혹은 최적화되어 있는) 프로세스나 규칙을 그대로 따르며 반복적으로 수행하는 업무입니다. 반면 프로젝트형 업무는 새로운 결과물을 만들거나 기존의 문제점을 해결해내는 일입니다.

시간이 지나 '도대체 난 뭘 했지'라는 회의감을 갖게 되는 사람들은 대개 자신의 업무가 일상 업무에 치우쳐 있는 경우가 많습니다. 의미 있고 중요한 일이지만 매번 같은 일을 반복하다 보니 기억에 남는 게 없는 겁니다. 어제 했던 일을 오늘도 하고, 오늘 했던 일을 내일도 하니 말이죠. 이력서에 뭔가 쓰려고 해도 딱히 뭘 써야 할지 모릅니다. 회사에 필요한 일을 끊임없이 해왔는데도 말이죠. 이럴 경우에는 프로젝트형 업무를 해보시길 바랍니다. 회사에서 주어지든 스스로 만들든 상관없습니다. 꼭 회사 업무일 필요도 없습니다. 자기계발을 위해서든 자신의 행복을 위해서든 회사 업무용이든 나만의 프로젝트를 만들어보세요. 다만 프로젝트에는 조건이 있습니다.

— 목표와 목적
— 과거에 없었던 새로운 결과

― 명확한 시작과 끝

이 조건을 갖춰야 프로젝트가 됩니다. 회사 업무가 아니라 자기계발 계획을 세울 때도 이렇게 프로젝트의 조건을 적용해보면 좋습니다.

- 독서 열심히 하기 → 6개월간 내 분야의 책 10권 읽고 글로 정리하기
- 사업 준비하기 → 12월 31일까지 잠재 고객 100명을 만나 인터뷰 일지 쓰기
- 열심히 다이어트하고 운동하기 → 6개월 후 바디프로필 촬영 후 공개하기

목표와 목적, 구체적인 결과와 명확한 데드라인이 있으면 내가 하는 일의 느낌이 완전히 달라집니다. 일상적으로 했던 업무도 이렇게 프로젝트형으로 바꿔보면 새로운 마인드를 가질 수 있습니다. 시간이 지날수록 나 자신은 물론 주변 사람들도 내 일을 바라보는 태도가 달라집니다. 심지어 프로젝트가 모이고 모였을 때 하나의 퍼스널 브랜드가 생기기도 하죠. 나를 소개하거나 이력서를 쓸 때 훨씬 풍부한 콘텐츠가 생기는

건 당연합니다.

지금 바로 나만의 프로젝트를 만들어보세요. 어떤 프로젝트를 만들어야 될지 모르겠다면 앞서 상상했던 완벽한 하루를 떠올려보세요. 그 하루를 만들어가는 데 필요한 목표를 떠올려보세요. 그 목표를 달성하기 위한 프로젝트를 만드세요. 허망한 삶에 새로운 활력이 생길 겁니다.

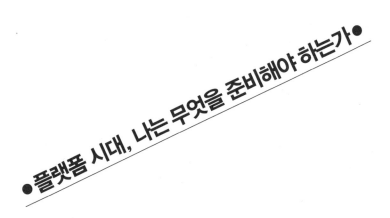

플랫폼 시대, 나는 무엇을 준비해야 하는가

**나는 변화를
준비하고 있는가**

시대는 빠르게 변하고 있습니다.

산업의 흐름과 사회현상을 분석하는 분들 중 지금이 태풍의 눈과 같은 시기라고 말하는 분들이 많습니다. 태풍의 중심 부분은 비교적 하늘도 맑고 바람이 없이 고요합니다. 태풍의 가장 중심부인데도 말이죠. 이를 태풍의 눈이라고 말합니다. 지금 시대도 마찬가지입니다. 급속한 변화가 있으나 우리는 막상 그 핵심에서 머무르고 있기에 그 변화에 둔감한 것입니다.

그렇게 빠르게 변화하는 시대를 나타내는 표현 중 '플랫폼 시대'라는 말이 있습니다. 원래 플랫폼은 기차를 타고 내리는 정거장을 뜻합니다. 정거장은 기차를 타려는 사람과, 사람을 태우는 기차가 모이는 곳입니다. 그 특성과 개념을 좀 더 확장해보면, '상대방을 원하는 양측을 서로 연결시키는 공간'이라 볼 수 있습니다.

우리 주변엔 이런 특성을 가진 서비스가 많습니다. 유튜브, 페이스북, 아마존, 앱스토어, 에어비앤비……. 해외뿐만 아니라 국내에도 수두룩합니다. 당장 네이버나 카카오에서 제공하는 서비스만 해도 플랫폼의 특성을 갖고 있습니다. 재밌는 건 플랫폼이 점점 더 시장을 지배할 거라는 겁니다. 새롭게 생겨나는 많은 스타트업들도 이런 플랫폼 비즈니스 모델을 추구하고 있고요. 플랫폼 서비스는 크게 주체를 세 곳으로 나눌 수 있습니다.

- 플랫폼 운영자 : 플랫폼을 운영하는 주체로, 전체를 관리하고 공급자와 소비자를 연결하며 그 안에서 가치를 창출한다.
- 공급자 : 플랫폼을 통해 자신의 제품, 서비스 등을 소비자에게 제공하며 가치를 창출한다.

꿈 따위는 없어도 됩니다

— 소비자 : 플랫폼을 통해 공급자의 제품, 서비스 등을 이용한다.

쉽게 비유하자면 플랫폼은 물건을 사고파는 시장, 공급자는 시장에서 물건을 파는 상인, 소비자는 그 시장에서 물건을 사는 손님이라 할 수 있습니다. 이런 플랫폼 시대에 나는 어떻게 해야 하는 걸까요? 플랫폼 시대의 장단점을 논하기 전에 우리가 살아남기 위해서는 무엇을 해야 할까요?

이에 대한 개인의 답은 결국 나 자신이 만들어가야 합니다. 각자 타고난 기질, 능력, 분야, 현재 위치, 상황 등이 워낙 다릅니다. 아무리 지혜를 갖춘 사람이라고 해도 모두에게 적용되며 모두가 만족할 수 있는 구체적인 해답을 찾기는 힘듭니다. 게다가 국가나 지역 사회에서는 최소한의 안전망을 구축하는 게 역할이지 모든 상황을 통제할 수 없습니다. 그러니 결국 스스로 자신만의 해답을 모색해야 합니다. 그 방향은 크게 세 가지가 있습니다.

1. 직접 플랫폼을 만든다

자신이 직접 플랫폼 서비스 혹은 기업을 만드는 겁니다. 수많은 플랫폼 서비스가 나와 있지만, 분명 비어 있는 영역은 있습니다. 수요가 드러나 있는데 그 영역을 선점한 플랫폼이 없든, 수요가 숨겨져 있어 아직 찾아낸 플랫폼이 없든, 시대가 변하며 새롭게 기회가 생겼든 언제나 작은 틈새는 생기게 마련입니다. 그 영역을 파고들어 직접 플랫폼을 만들 수 있다면 변화하는 시대에서 새로운 기회를 만들어낼 수 있습니다. 자신이 직접 시장 자체를, 판 자체를 만들어버리는 겁니다. 사업가라고 볼 수 있죠.

2. 핵심 플레이어가 된다

자신이 직접 판을 만들 수 없다면, 무리하지 말고 반대로 만들어진 판에서 활약하는 것도 좋은 방법입니다. 내가 시장을 만드는 것이 아니라, 시장에서 물건을 잘 파는 상인이 되는 겁니다. 핵심 플레이어가 되는 거죠. BJ, 유튜버, 웹툰 작가, SNS 인플루엔서들이 여기에 해당됩니다. 해당 플랫폼 서비스

꿈 따위는 없어도 됩니다

를 직접 만들지는 않았습니다. 하지만 플랫폼 서비스를 이용해 자신의 영향력을 키우고 경쟁력을 만들어갑니다. 엄청난 수익도 거두고요. 재밌는 건, 이런 핵심 플레이어의 힘이 점차 강해지고 있다는 겁니다. 때로는 플랫폼 자체를 휘청하게 만들 정도로요. 자기 콘텐츠가 있는 분들은 플랫폼을 넘나들기도 합니다. 무조건 플랫폼을 만드는 것만이 정답이 아닌 시대가 된 것이죠. 그렇기에 개인에게 위험 못지않게 기회도 많아진 겁니다.

3. 나 자체가 플랫폼이 된다

본인이 직접 거대한 플랫폼을 만들기도, 플랫폼을 종횡무진하는 핵심 플레이어가 되기도 부담되시나요. 그럼 또 한 가지, 나 자체가 플랫폼이 되는 걸 상상해보셔도 좋습니다. 쉽게 생각하면 인적 네트워크를 쌓는 겁니다. 사람과 사람을 연결하며 새로운 가치를 만들어내는 겁니다. 허브 역할을 하는 거죠. 사람과 사람이 모였을 때 해낼 수 있는 것들이 많습니다. 시너지를 낸다면 1+1이 2가 아닌 10이 될 수도 있습니다. 사람은 서로 연결되기를 바랍니다. 그 연결 고리를 만들어주는 역할을 해내는 사람은 그 자체가 플랫폼이 됩니다. 인연을 소중히 여기고, 사람의 재능을 볼 줄 알고, 서로 연결하기를 좋아하는 사람에게 잘 맞는 일입니다.

이 세 가지 전략이 서로 완전히 독립적인 것은 아닙니다. 섞을 수도 있고, 일종의 포트폴리오처럼 세 가지를 내 인생 전략에 균형 있게 배치할 수도 있습니다. 내 능력, 기질, 선호도, 상황 등에 맞게 배분하기 나름입니다. 자신만의 방향을 세워보시길 바랍니다.

회사를 위해서 내가 일하는 게 아니라
나를 위해 회사를 다닌다고
관점을 바꿔서 생각해보세요.

Q8

왜 목표 달성에
실패할까?

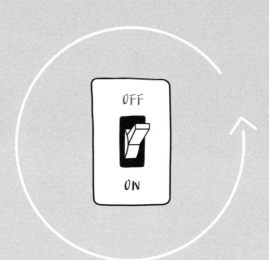

회피 목표와 접근 목표

목표는 마음가짐에 변화를 주고 에너지를 한곳으로 집중하게 만듭니다. 목표를 정하고 이를 달성할 계획을 세운 뒤 실천하는 게 가장 기본적인 성취 프로세스입니다. 당연히 어떻게 목표를 설정하느냐가 중요합니다.

그렇다면 당신은 지금 어떤 목표를 갖고 있나요? 체중 감량, 적금 붓기, 어학 점수 높이기, 자격증 취득, 건강, 취미, 진급 등 사람마다 각기 다른 목표를 세웠을 겁니다. 그동안 강

의, 모임, 상담 등을 통해 다양한 분들의 목표를 살펴볼 수 있었습니다. 그 목표를 성격에 따라 두 가지로 분류할 수 있었습니다. 재밌는 건 그 분류에 따라 목표가 사람에게 미치는 영향과, 목표를 대하는 사람의 태도에 차이가 있다는 겁니다. 게다가 자신이 목표를 세우는 방식에 따라 전반적인 삶의 모습이 달라질 수도 있습니다. 목표는 접근 목표와 회피 목표로 나눌 수 있습니다. 접근 목표는 0에서 +로 가기 위한 목표, 정상에서 이상으로 가고자 하는 목표, 특정 상태로 접근하려는 목표입니다. 반면 회피 목표는 -에서 0으로 가기 위한 목표, 비정상에서 정상으로 가고자 하는 목표, 특정 상태를 회피하려는 목표입니다.

접근 목표는 지금도 이미 괜찮은 상황인데 더 나은 삶을 살고 싶어서, 달성하고 싶은 꿈이 있어서 세우는 목표입니다. 목표의 기준은 자신의 꿈, 이상, 소망에 있습니다. 즐거움, 사랑 등이 원동력입니다. 자아실현을 위한 목표라 할 수 있습니다. 반면 회피 목표는 원치 않은 상황을 바로잡기 위해, 잘못된 바를 정상으로 돌려놓기 위해 세우는 목표입니다. 문제 해결에 가깝습니다. 때론 문제 회피이기도 하고요. 목표의 기준은 생존, 안전에 있습니다. 두려움과 공포를 피하기 위한 목표입니다. 사회에서 뒤처지지 않기 위해, 권위자에게 혼나지 않기 위

꿈 따위는 없어도 됩니다

해, 사람들에게 버려지지 않기 위해 세우는 목표입니다.

현재 갖고 있는 목표는 어디에 해당되나요. 지금까지 많은 분들이 회피 목표를 세우는 걸 볼 수 있었습니다. 취업을 준비하시는 분들, 직장인 분들의 경우 그 경향이 더 높았습니다. 서류 전형에서 탈락하지 않기 위해, 스펙을 높이기 위해, 진급 심사 시 불이익을 받지 않기 위해, 고과 점수를 좀 더 높게 받기 위해 세우는 목표들은 대부분이 회피 목표입니다. 내면에 담겨 있는 의도를 읽으면 더 정확해집니다. '이걸 하지 못하면 사랑받지 못할 거야', '이걸 하지 않으면 뒤처지게 될 거야', '이걸 하지 못하면 경제적으로 불안정해질 거야'라는 마음이 담겨 있다면 회피 목표입니다. 지금 갖고 계신 목표를 한번 바라보세요. 그 목표를 세운 내 마음과 감정을 살펴보세요. 왜 지금의 목표를 세우게 되었나요.

목표가 나를 힘들게 한다면?

회피 목표라고 해서 무조건 나쁘다고 단정 지을 수는 없습니다. 다만 회피 목표로만 치우쳐 있는 상황은 직시할 필요가 있습니다. 단적으로 말씀드리겠습니다. 회피 목표로만 달려가는 사람은 쉽게 지쳐버립니다. 스트레스도 많이 받고요. 자기계발 강박증에 걸리는 사람들은 대부분 회피 목표에 휩싸여 있습니다. 목표를 달성하는 과정을 그려볼까요. 문제로 가득 찬 상황에서 두려움을 피하고 싶은 마음으로 시작합니다. 목표를 향해 가는 과정이 두려움, 공포로 가득합니다. 목표를 달성하지 못하면 그 녀석들과 함께해야 합니다. 잔뜩 긴장한 채 목표를 향해 달려갑니다. 강한 의지로 겨우 목표를 달성했다고 가정해보겠습니다. 그럼 어떤 상태일까요. 두려움을 피한 상태입니다. 진정한 자아실현을 이룬 상태가 아니라 두려움을 피한 상태입니다. 열심히 달려와서 이제 겨우 한숨을 돌린 상태라는 거죠.

수영하는 두 사람을 상상해보세요. A와 B는 똑같이 20분 동안 바다 수영을 했습니다. A는 저 앞에 보이는 금은보화가 가득한 보물섬을 향해 수영을 했습니다. 반면 B는 썰물에 휩쓸려가지 않기 위해 수영을 했습니다. A는 나아가고 B는 버텼습니다. 바다에서 수영을 했다는 사실 자체는 같습니다. 수영한 시간도 같고요. 그런데 만족감, 재미, 성취감의 측면에서 비교해볼까요. 답은 뻔합니다. A가 더 재밌고 만족스러울 겁니다. 수영이라는 행위가 우리에게 주는 정신적 · 신체적 영향도 더 긍정적일 테고요.

우리가 세우는 목표도 마찬가지입니다. 안타깝게도 많은 분들이 회피 목표로 각종 다이어리, 플래너, 체크리스트를 가득 채우고 있습니다. 설렘이나 떨림보다는 안도감을 느끼기 위해서죠.

그러다 보니 에너지가 낮은 상태에서 자기계발의 여정을 시작하게 되고, 그 과정도 재미가 없습니다. 목표를 달성할 확률도 낮아집니다. 그러면 자괴감과 무력감에 빠지게 될 확률이 높아지는 건 당연합니다.

당신에겐 이미 접근 목표가 있다

모든 걸 접근 목표로 채우라는 건 아닙니다. 회피 목표를 세울 수밖에 없는 게 우리 현실이기도 하니까요. 다만 균형을 맞췄으면 합니다. 사회가 요구해서 세운 목표, 남과 비교하며 세운 목표는 잠시 내려두세요. 더 만들 생각도 하지 마세요. 회피 목표는 이미 충분히 많이 갖고 있을 겁니다. 조용히 눈을 감고 상상해보세요. 순수하게 그저 내가 즐거울 것 같은, 남들이 뭐라 하든 달성하면 내가 행복할 것 같은 목표가 있나요? 그것이 바로 접근 목표입니다.

여러분은 이미 그것을 갖고 있습니다. 앞서 상상했던 '완벽한 하루'를 다시 떠올려보세요. 아침에 일어나서부터 저녁에 잠들기까지, 상상만 해도 즐겁고 달성했을 때 설렘이 가득한 하루. 그 완벽한 하루를 구성하고 있는 항목들을 나열해보세요. 그중 우선순위를 살펴본 뒤 하나를 먼저 목표로 정해보세요. 그 목표를 달성할 구체적인 계획을 세워보세요. 그리고 매일 실천하세요. 목표를 향해 나아가는 길이 훨씬 유쾌해질 겁니다.

우리는 왜 스스로를 배반할까?

내 시간이라고 내가 다 컨트롤할 수 있는 것은 아니다

멋지게 목표를 세웠다면 이제 목표를 달성할 계획을 세우고 실천하면 됩니다. 그런데 계획의 대부분이 실패로 흘러갑니다. 인터넷 강의를 신청해놓고서는 막상 듣지 않거나, 피트니스센터에 등록했지만 막상 가지 않거나, 요가 영상을 구입해 집에서 매일 실천하려고 했으나 아예 쳐다보지도 않거나……. 이런 안타까운 일들이 벌어집니다. 그것도 반복해서 말이죠.

애초에 열정이 없었다면 이렇게 목표를 정하고 자기계발에 매진할 계획을 세우지도 않았을 겁니다. 열정이 있기에 시도하고 노력하는 거죠. 그럼에도 불구하고 우리는 왜 매번 열심히 세워놓은 자신의 계획을 배반하게 될까요? 어디서부터 어긋난 걸까요? 우리의 열정이 좀 더 뜨거웠어야 했을까요? 여기서 사회생활을 하는 우리가 간과하기 쉬운 한 가지를 이야기하고 싶습니다. 그것은 바로 이 점입니다.

'내 시간이라고 해서 내가 100% 컨트롤할 수 있는 것이 아니다.'

성공한 사람들은 이렇게 이야기합니다.

"계획을 세우고 매일 실천하세요. 결코 오늘 할 일을 내일로 미루지 마세요."

맞습니다. 다만 현실적으로, 쉽게 직장인의 관점에서 생각해보겠습니다. 매일 퇴근 후 피트니스센터에 가려고 합니다. 계산을 해보니 대충 8시쯤 도착할 것 같습니다. 슬슬 퇴근 준비를 하죠. 그런데 갑자기 일이 생깁니다. 긴급회의. 긴급 미팅. 긴급 업무 협조 요청. 때로는 예상치 못한 말을 듣기도 하죠.

"오늘 회식이나 할까?"

분명 의문문이지만 사실 답은 정해져 있죠. 그러다 보니 늦은 밤 10시, 11시가 되어서야 퇴근합니다. 집에 가면 하루가 끝나는 시간입니다. 이 상황에서 과연 피트니스센터에서 1시간씩 운동할 힘이 날까요? 1시간씩 인터넷 강의를 들을 에너지가 남아 있을까요? 대부분이 '그냥 좀 쉬고 싶다'는 생각뿐입니다. 그게 당연한 겁니다. 피곤한 게 사실이니까요. 내 잘못이 아닙니다. 인간이 정신적, 육체적 피로를 느끼는 건 당연한 거죠. 자연스럽게 운동, 공부 등 내가 세운 계획은 점점 멀어져갑니다.

'내일부터 하면 되지 뭐. 허허허'

나는 나를 어떻게 규정하고 있나

많은 사람들이 이런 현실적인 변수를 생각하지 않고 계획을 세웁니다. 계획을 세울 때는 마치 내가 내 시간을 온전히 컨트롤할 수 있는 것을 전제로 합니다. 그러고는 한두 차례 '내가 예상치 못한 일' 때문에 계획을 미루게 됩니다. 문제는 한두 번의 미루기 그 자체가 아닙니다. 그 때문에 나의 태도가 변하는 게 진짜 문제입니다. 태도의 변화가 사람에게 미치는 영향은 큽니다. 나도 모르게 '계획은 미룰 수도 있는 거야', '못 지키는 게 한두 번인가'라며 합리화를 반복하게 됩니다. 더 나아가 '나는 어차피 계획을 지키지 못하는 사람'으로 스스로를 인식하게 되고요.

이것이 바로 '자기규정 효과'입니다. 내가 나를 어떻게 생각하고 믿고 있는지가 내 생각과 행동을, 나아가 운명까지도 바꾼다는 심리 용어입니다. 한 번 자신의 무의식에 '나는 계획을 못 지키는 사람'이라는 이미지가 박히면 그다음부터는 너무나도 자연스럽게 계획을 어깁니다. 오히려 계획을 꼬박꼬박 지키면 우리 뇌는 혼란을 느낍니다. '이놈이 안 하던 짓을 하네?'라고 말이죠.

내 계획을 방해하는 변수들

그럼 어떻게 해야 할까요? 두 가지 방법이 있습니다. 우선 내 계획이 프로젝트성으로 특정 결과물을 만들어내거나 구체적인 할당량을 채우는 계획인지, 아니면 매일 실천해 습관을 만드는 계획인지를 살펴보세요. 이에 따라 자신에게 맞는 방법을 활용할 수 있습니다. 만약 특정 결과물을 만들어내거나 할당량을 채워야 하는 계획이라면 일간이 아닌 주간으로 계획을 짜는 겁니다. 예를 들어 매일 문제집 1장씩을 풀겠다는 계획이 아니라, 일주일에 문제집 7장을 풀겠다는 식으로 말이죠.

　장기적인 목표를 세우고, 이를 월간 단위, 주간 단위, 일 단위로 쪼개서 매일 실천하는 '역산 방법'은 상당히 효과적인 계획법입니다. 하지만 일 단위 계획은 앞에서 말씀드린 것과 같은 예상치 못한 변수에 상당히 취약합니다. 매일 정해진 분량을 채우는 게 핵심인데, 내 의지와 상관없이 내 시간을 선택할수 없는 상황에 부딪히는 게 직장인의 현실입니다. 이 경우 정해놓은 분량을 채우지 못한 날엔 현실에 대한 불만과 타인에대한 원망만 생깁니다. 다음 날 부족한 분량을 채우려고 했는데 또 야근을 해야 하는 상황이 된다면 낭패입니다. 이런 일이반복되면 그다음엔 아예 계획 자체를 놔버리게 됩니다. 실패한 자신을 보며 자괴감에 빠지기도 하고요.

　어느 정도 변수에 대응할 수 있는 여지를 만들어놓을 필요가 있습니다. 그렇지 않으면 잔뜩 힘차게 구호를 외치고 시작하지만 구호에서 끝나버리는 상황이 반복됩니다. 힘을 빼고살짝 여지를 만들어놔야 오히려 다시 힘을 낼 수 있습니다. 꼭정해진 건 아니지만 보통 주간 단위 계획이 적절합니다. 분기, 월간 단위는 마냥 뒤로 미루는 경우가 많고 일간 단위는 변수에 취약하기 때문입니다. 주간 단위 계획은 주말을 활용할 수 있다는 장점이 있습니다.

도저히 실패할 수 없는 계획 세우기

만약 매일 실천해야 하는 습관을 만드는 게 목표인가요? 그렇다면 아주 쉬운 행동 계획을 세우시길 바랍니다. 야근을 하고 와도, 예상치 못한 회식을 했어도, 갑자기 경조사가 생겨도, 깜빡 잊고 있다가도 쉽게 해낼 수 있는 수준으로 목표를 세워야 합니다. 예를 들어 피트니스센터에서 1시간씩 운동하기가 아니라 5분간 스트레칭하기로, 요가 영상 30분 따라 하기가 아니라 5분 따라 하기로 조절하는 게 좋습니다. 도저히 실패할 수 없을 정도의 계획을 세워야 합니다. 피트니스센터 방문하기, 요가 영상 재생하기 정도의 목표를 잡아도 괜찮습니다. 부담감이 없어야 하는 게 핵심입니다.

평소 운동을 즐겨하지 않는 사람이 운동 계획을 세운다면 어떻게 해야 할까요? 컨디션도 좋고 정상적으로 퇴근한 날에는 하루 1시간씩 운동하는 게 어렵지 않을 겁니다. 의지가 있으니까요. 반면 몸이 피곤하거나 야근이라도 한 날에는 1시간씩 운동하는 게 부담 될 겁니다. 그래도 처음에는 열심히 합니다. 계획을 세운 지 얼마 되지 않았으니까요. 그렇게 몇 번 운동을 하고 나면 1시간씩 운동하는 게 얼마나 지루하고 힘든 과정인지 알게 됩니다. 운동을 처음 시작할 때의 설렘은 조금씩 사라집니다. 새로운 습관을 받아들이는 과정에서 겪게 되는 저항감을 느끼게 되고요. 그래도 꾸준히 피트니스센터에 가지만 피로가 밀려드는 어떤 날은 필연적으로 찾아옵니다. 도저히 1시간씩 운동할 엄두가 나지 않는 거죠. 때로는 상상만으로 스트레스를 받기도 합니다. 차라리 운동을 한다는 게 어떤 건지 몰랐다면 무작정 시작했을 텐데, 너무 많은 것을 알아버린 것이죠. 결국 운동을 포기하게 됩니다. 1시간씩 운동할 자신이 없으니까요. 그러니까 더더욱 실천하기 쉬운 계획을 세워야 합니다. 야근하는 날에도 5분 정도 스트레칭은 할 수 있거든요. 그것마저 부담 된다면 그냥 피트니스센터에 가서 직원에게 인사만 하고 오는 겁니다. 꼭 1시간씩 운동하지 않아도 됩니다. 조금씩 작게라도 하는 겁니다. 물론 당장 운동 효과가 나지는 않겠죠. 하지만 중요한 건 우리가 끈을 놓지 않고 흐름을 만들어가는 겁니다.

실제 피트니스센터를 운영하는 어떤 트레이너와 이야기를 나눈 적이 있습니다. 그는 자신이 맡은 회원들의 성과가 다른 트레이너가 맡고 있는 회원들의 그것보다 월등히 좋다고 말했습니다. 특별한 운동법이 있는 것도 아니고 스파르타식으로 강하게 몰아붙여서도 아니라고 말했습니다. 그와는 반대로 힘을 빼고 운동하는 시간을 줄이더라도 일단 피트니스센터에 자주 오게 만들었다는 겁니다. 컨디션이 좋지 않을 때는 운동 시간을 줄이고 대화하는 시간을 늘려서라도 말이죠. 그러기 위해 매번 회원들과 나눌 재밌는 대화거리를 꾸준히 찾아본다고 했습니다.

멈춰 있는 자동차를 굴리는 건 어렵습니다. 하지만 한번 굴러가기 시작한 자동차를 굴리는 건 그리 어렵지 않습니다. 흐름을 만드세요. 관성을 이어가세요. 쉬운 계획을 세우고 이를 꾸준히 실천해 결국엔 습관으로 만드는 게 중요합니다.

큰 꿈이 오히려 나를 방해한다

목표가 커서 동기부여가 안 되는 사람도 있다

큰 꿈을 가지라는 말이 대세였습니다. 큰 꿈을 가져야 그만큼 행동하게 되고, 설령 실패하더라도 작은 목표를 세웠을 때보다 더 큰 결과를 얻을 수 있다는 겁니다. 10을 목표로 세우면 실패했을 때 8, 9를 얻지만 100을 목표로 세우면 실패하더라도 80, 90을 얻을 수 있다는 논리입니다. 게다가 크게 생각했을 땐 이에 맞게 사고와 행동의 프레임이 바뀌고 창조적인 아이디어도 생길 수 있습니다. 미국의 경영평론가 제임스 콜린스(James Collins)와 제리 포래스(Jerry Porras)는 이를 BHAG라고 합니다. 크고(Big) 대담하여(Hairy) 도전적인(Audacious) 목표(Goal)입니다. 그러니 꿈을 크게 가지라고 말합니다. 깨져도 파편이 크니까요.

실제로 성공했다는 사람들을 만나서 이야기를 들어보면 확실히 생각의 크기가 다릅니다. 큰 꿈과 포부를 갖고 있으며 이에 맞게 생각하고 행동하다 보니 결국엔 큰 목표를, 때로는 불가능해 보이던 목표를 달성하게 된다는 거죠.

하지만 이것이 모든 사람에게 해당되는 법칙은 아닙니다. 꿈이 커야 동기부여가 되는 사람도 있지만 꿈이 커서 아무 행동도 하지 못하는 사람도 있습니다. 너무 큰 꿈과 목표에 스스로 눌려버린 겁니다. 꿈의 크기가 크든 작든 중요한 건 민첩하고 유연한 행동입니다. 명확하게 해야 할 게 있으면 그냥 바로 실행할 수 있는 힘이 있어야 합니다. 그런데 그런 힘이 도저히 생기지 않는다면 어떻게 된 노릇일까요? 당신의 꿈이 소화하기 힘들 만큼 거창하다는 뜻입니다. 그러면 선뜻 행동하지 못합니다. 준비하는 시간만 길어지고 그 와중에 이미 지쳐버립니다. 실행은 하지 않으면서 괜히 거대한 꿈을 실천할 행동 계획을 다시 세우기도 합니다. 우리는 무의식적으로 이미 알고 있습니다. 내가 세운 꿈이 감당할 수 있는 것인지 아닌지를 말이죠. 순간적인 열정에 취해 큰 목표를 세우지만, 또 한편으로는 애초에 목표가 너무 커서 이루기 힘들다는 것도 생각하고 있습니다. 스스로도 의구심을 갖고 시작하는 거죠.

자꾸 딴짓을 하게 되는 이유

목표를 세우면서 그 목표를 이룰 수 없다는 걸 안다는 아이러니. 의식을 하든 못하든 우리는 그 아이러니에 빠져 있습니다. 그러다 보니 어떤 일이 일어날까요? 대부분 마음, 에너지, 행동, 생각을 다른 곳으로 돌립니다.

목표를 이루는 데 꼭 필요한 핵심 활동이 아니라 부수적인 활동으로 말이죠. '정보를 얻는다'는 핑계로 괜히 인터넷 검색을 하거나, '조언을 받는다'는 핑계로 괜히 이런저런 사람들을 만나 이야기를 들어보는 식입니다.

정보를 얻고 조언을 받는 건 정말 중요한 일입니다. 하지만 본인의 양심을 살펴보면 알 겁니다. 이게 정말 핵심 활동인지 부수적인 활동인지를요. 정말 필요해서 정보를 찾고 조언을 받는 것인지, 아니면 핵심 활동은 피하면서 그래도 양심의 가책을 느끼고 싶지 않아 관련되어 보이는 활동을 하는 것인지 말입니다. 당장 시험공부를 해야 되는데 괜히 책상을 정리한다거나, 바로 보고서 작성하기도 바쁜데 그걸 뻔히 알면서 괜히 이메일을 정리하는 것도 이런 메커니즘 때문입니다. 직접적인 핵심 활동을 하지 않고 대신 그와 관련 있어 보이는 부수적인 활동을 하면서 자기 합리화를 합니다. 때로는 괜히 손쉬워 보이는 부수적인 활동으로 체크리스트를 가득 채웁니다. 하나씩 지워나가며 조작된 성취감을 얻습니다. 마음속 찜찜함을 덮으려고요. 하지만 결국 '실패'에 가까워지게 되죠. 뭔가 많이 한 것 같기는 한데 말입니다.

실패를 한 뒤에는 기분이 좋지 않죠. 나보다 앞서가는 사람이 부럽기도 하고, 지금 내 상황이 억울하기도 합니다. 그 감정을 느끼고 싶지 않아 다시 또 과도한 목표를 세웁니다. 목표를 세우고 결과를 상상할 때는 기분이 좋거든요. 마치 세상을 다 가진 것처럼 행복하거든요. 열정이 솟아오르거든요. 하지만 결과는 대개 비슷합니다. 애초에 이뤄질 수 없는 걸 알고서는 또다시 부수적인 활동에 전념하다가 실패하게 됩니다. 이 과정을 반복하다 보면 어느새 자존감 자체가 떨어집니다. 자기 신뢰를 잃어버리죠.

목표를 생각하면 부담되나요?

이렇게 생각해보면 어떨까요?

거대한 햄버거를 시켰는데 한입에 먹을 수가 없을 때 어떻게 해야 하나요? 먹기 좋게 조각을 내야죠. 아니면 애초에 내가 먹을 수 있는 크기의 햄버거를 시키든가요. 다른 사람이 시킨다고 무조건 큰 걸 시킬 필요가 없는 것처럼 너무 큰 목표와 계획을 세울 필요도 없습니다.

본인의 마음 상태를 잘 살펴보세요. 목표와 계획을 보는 순간 바로 행동하게 되나요, 아니면 걱정과 부담감부터 드나요? 가슴 설레는 커다란 목표와 계획을 세웠는데 며칠만 지나면 바로 포기하게 되나요?

'나는 충분히 저 햄버거를 다 먹을 수 있다! 확신이 든다!'

이럴 때 멋지게 도전하세요. 목표를 달성하기 위한 생각의 크기를 키우고 힘차게 행동하세요. 다만 스스로 꺼림칙하다면 힘을 좀 빼야 합니다. 나에게 맞게 꿈의 크기를 조정해야 합니다. 그리고 나서 과거 경험 대비 10~20% 향상된 목표를 세우세요. 이것만큼은 꼭 달성해보고 점차 과거 대비 증가폭의 크기를 키워가세요. 점점 실력이 쌓이고 단단해지는 자신을 발견할 수 있을 겁니다.

내 계획의 20%만 남기고 80%는 버려라

실행할 수 있는 계획만 세우기

큰 목표 못지않게 오히려 사람들을 지치게 만드는 게 있습니다. 많은 계획이죠. 우리는 때론 너무 많은 계획을 세웁니다. 본인이 감당할 수 없을 만큼 말이죠. 특히 동기부여가 잔뜩 된 상태에서 짠 계획은 더욱 그렇습니다. 이것도 하고 저것도 하고 그것도 하고. 모든 걸 다 해내겠다고 결심하죠. 뜻은 좋습니다. 그 순간의 열정은 멋집니다. 하지만 지속성도 생각해봐야 합니다. 당연히 동시에 여러 가지 계획을 전부 실천할 수 있으면 좋겠

꿈 따위는 없어도 됩니다

지만, 지난 경험을 통해 이미 알고 있을 겁니다. 오히려 너무 많은 계획을 세운 탓에 스스로 무너질 때가 많다는 것을.

> '우리는 지나치게 생각을 많이 하고, 지나치게 과도한 계획을 세우고, 지나치게 커리어와 사업, 삶을 분석하려 든다.'
> — 게리 켈러, 제이 파파산, 『원씽 The One Thing』 중에서

계획이 지나치게 많으면 실행이 어렵습니다. 계획에 너무 많은 힘을 쏟은 나머지 막상 실행할 에너지가 남아 있지 않거나, 열심히 계획을 세운 것만으로 자기만족에 빠져버리거든요. 만족을 하는 건 좋습니다. 다만 원래 하려고 했던 걸 잊은 채 그냥 만족해버리면 안 됩니다. 그리고 너무 많은 계획을 세워놓을 경우 나중에는 그 계획을 보며 무엇부터 해야 할지 망설이게 됩니다. 바로 행동으로 이어지지 못하죠. 계획만 봐도 지쳐버리고요.

실행할 수 있는 계획만 세워보세요. 단순하고 명확한 걸로만 채워야 합니다. 액션 플랜이 많고 복잡하면 집중력과 에너지가 분산됩니다. 이것만은 내가 지키겠다는 중요한 몇 가지로 계획을 한정하는 것이 좋습니다. 그럼 중요한 게 뭔지 어떻게 알 수 있을까요?

나한테 정말 중요한 20%를 선택하라

그럴 때는 '80 대 20 법칙'이라고도 불리는 '파레토의 법칙(Law of Pareto)'을 적용하면 도움이 됩니다. 이는 전체 결과의 80%가 전체 원인의 20%에서 일어나는 현상을 말합니다. 1896년, 이탈리아 경제학자 빌프레드 파레토(Vilfredo Federico Damaso Pareto)는 이탈리아의 인구 중 20%가 전체 국토의 80%를 소유하는 현상을 발견했습니다. 이를 논문으로 발표했는데, 80 대 20이라는 비율은 부동산뿐만 아니라 다양한 사회현상 및 자연환경에서도 나타났습니다. 논문의 내용이 다양한 분야에 적용되면서 80%의 결과는 20%의 원인이 만들어낸다는 파레토 법칙이 생겼습니다.

품질 경영 전문가인 조셉 주란(Joseph Moses Juran)이 기업의 경영에 이 현상을 접목하며, 파레토 법칙은 생산성과 성과 관리에도 활용되었습니다. 모든 기업이 갖고 있는 자원에는 한계가 있습니다. 따라서 성과를 결정짓는 20% 핵심 요인에 집중했을 때 투입하는 자원 대비 최대의 성과를 낼 수 있습니다. '선택과 집중' 전략입니다.

이 법칙을 개인 생활에 접목해보는 겁니다. 내가 세운 여러 가지 계획 중 정말 중요한 것, 내 삶을 변화시키고 내가 원하

꿈 따위는 없어도 됩니다

는 삶을 살아가는 데 핵심이 되는 활동 20%를 골라보는 겁니다. 사람은 모든 걸 다 해낼 수도, 모든 걸 다 잘할 수도 없습니다. 우리가 하루에 사용할 수 있는 시간과 에너지는 한정되어 있으니까요. 따라서 자신에게 진짜 중요한 일을 선택해 이에 집중해야 합니다.

만약 나에게 중요한 20%가 뭔지 잘 모르겠다면 나의 계획을 일단 다 적어보세요. 큰 항목 아래에 세부 항목까지 다 나열해봐야 합니다. 그중에서 핵심이 뭔지 하나씩 비교해보는 겁니다.

이때 선배, 상사 혹은 전문가에게 도움을 청하는 것도 좋습니다. 어떤 핵심 활동이 전체 80%를 좌우하는지 그 분야 경력자가 아니면 알기 힘드니까요.

나의 킹핀을 찾아라

또 한 가지, 내가 세운 계획들 중 볼링의 킹핀(king pin)에 해당하는 것이 뭔지 찾아봐야 합니다. 이것은 볼링의 기본 상식으로 세 번째 가운데 있는 5번 핀인 킹핀을 맞히면 스트라이크를 칠 확률이 높아진다는 논리입니다. 자기계발에도 이 이론은 응용할 수 있습니다. 실제로 어떤 일 한 가지를 제대로 하면 다른 일은 자연스럽게 따라오게 됩니다. 저에게 킹핀은 '아침 기상'이었습니다. 저도 자기계발을 위해 운동, 기록, 공부, 독서, 정리 정돈 등 온갖 좋다는 계획을 다 세웠습니다. 그런데 아침에 일찍 일어나는 일만 잘해도 나머지 일들은 자연스럽게 따라오는 경향이 있었습니다. 역으로 아침에 일찍 일어나지 못하면 다른 계획들 모두 차질이 생겼고요. 그걸 알고 나서는 아침 기상만 따로 계획을 세워서 챙겼습니다. 아침 기상이 몸에 밴 다음에야 다른 계획도 하나씩 챙기기 시작했고요. 당신의 킹핀은 무엇인가요? 그것을 찾아 선택하고 집중하세요. 더 이상 너무 많은 계획에 지쳐버리지 마세요. 우리는 실천하기 위해 계획을 세우는 거지, 계획 자체를 위해 계획을 세우는 게 아닙니다.

계획이 가벼워야 행동이 민첩해집니다. 철저한 계획과 복잡한 계획을 혼동하지 마세요. 철저한 계획이란 내가 실행을 잘하기 위해 현실적으로 설계된 계획이지 그저 많은 계획이 아닙니다.

날마다 아주 작은 행동을 반복하라

30일만 실행해보기

열심히 계획을 세웠나요? 그중 핵심 계획을 추려냈나요? 그럼 이제 어떻해야 할까요? 맞습니다. 실행하는 겁니다. 다만 실행 역시 처음부터 너무 무리할 필요는 없습니다. 우선 30일만 제대로 실행해보겠다는 마음으로 시도해보세요. 핵심 계획인 만큼 평생 동안 꾸준히 지키겠다는 의욕을 말리지는 않겠지만 굳이 권장하지는 않겠습니다. 안 하던 것을 갑자기 하려고 하면 우리 몸은 당연히 거부 반응을 일으킵니다. 계획을 지켜야 할 까마

득한 미래를 생각하면 금세 지쳐버리기도 하고요. 그러니 일단 딱 30일만 해보는 겁니다. 30일 후 이게 아니다 싶으면 계획을 수정해도 되고 아예 취소해도 됩니다. 어차피 나를 위해 계획이 있는 것이지 계획을 위해 내가 있는 건 아니니까요. 그런데 왜 굳이 30일일까요? 그 이유는 바로 우리 두뇌와 신경계의 특성에 있습니다. 우리가 감각기관을 통해 받아들인 정보가 뇌로 전달되고, 이 정보를 바탕으로 판단을 하고 명령을 내리는 일련의 과정은 뉴런(neuron) 이라는 신경 세포를 통해 일어납니다. 신경계의 구조적, 기능적 기본 단위가 뉴런인 셈입니다. 이런 뉴런과 뉴런은 서로 연결돼 전기적, 화학적 신호를 전달합니다. 그렇게 연결이 일어나는 접합 부위를 시냅스(synapse)라고 합니다. 뉴런과 뉴런의 연결 고리인 셈이죠. 재밌는 건 이런 뉴런과 뉴런의 연결이 고정되어 있지 않다는 겁니다. 인간의 활동에 따라 뉴런 간의 연결에는 변화가 생깁니다. 자주 사용하는 패턴에 맞게 신경망이 변합니다. 다음에 똑같은 행동을 할 때는 좀 더 편리하고 빠르게 처리할 수 있도록 미리 준비를 해두는 셈입니다. 우리가 양치질을 할 때 칫솔을 잡고 있는 손가락의 힘, 손목을 비트는 각도와 속도, 팔의 움직임, 어깨의 위치 등에 일일이 신경 쓰지는 않죠. 비몽사몽 상태에서도 그냥 하지 않습니까. 이것은 우리 신경계가 반복

꿈 따위는 없어도 됩니다

된 패턴을 학습한 덕분입니다. 그렇지 않았더라면 식사 후 하루 세 번씩 상당한 수고가 필요했을 겁니다.

그럼 우리가 새로운 계획을 세우고 평소에 안 하던 짓을 한다면 어떻게 될까요? 우리 뇌는 당연히 어색해합니다. 갑자기 새로운 신경망을 연결해야 하니까요. 만약 한두 번 하고 넘어가는 일이라면 지속적으로 패턴을 기억해놓을 필요가 없을 겁니다. 뇌는 우리의 결심이 작심삼일로 끝나기를 바라고 있을지도 모릅니다. 그런데 3일이 지나고 며칠이 지나도 계속 특정 행위를 반복한다면 우리 뇌는 더 이상 가만히 지켜볼 수가 없습니다. 다음에 또 같은 행위를 했을 때를 대비해야죠. 그래서 30일이 중요합니다. 30일은 뇌에 시냅스가 형성되고 생체 리듬이 교정되는 기간입니다. 열심히 세운 계획을 30일만 꾸준히 지속한다는 건 우리 신경계 자체에 변화를 주는 일입니다. 꾸준히 지속한다면 점점 그 신경망은 확고해지고 더 나아가 완전히 습관이 될 수도 있는 거죠.

30일은 기억과도 연결됩니다. 우리가 어떤 정보를 얻게 되면 이것은 우리 뇌 속에 있는 해마에 단기 기억으로 남게 됩니다. 해마는 이를 단기 기억으로 그치게 할지, 장기 기억으로 넘길지를 판단해야 하죠. 그 심사 기간이 약 30일입니다. 보통 깜짝 놀랄 정도로 강한 자극이거나 아니면 꾸준히 반복해서

들어온 자극이라면 장기 기억으로 넘어갑니다. 따라서 같은 행위를 30일간 반복한다면 그 정보는 우리 뇌에 장기 기억으로 남을 확률이 높아집니다. 그만큼 점점 애를 덜 쓰고도 우리가 세운 계획을 습관처럼 지킬 수 있게 되는 거죠.

이런 몸의 작용 말고도 심리적, 사회적 영향도 있습니다. 한 달이 약 30일이죠. 월간 단위로 계획을 세우는 사람들이 많을 겁니다. 30일 단위로 계획을 세운다면 달력에 기입하든 다이어리나 플래너를 활용하든 다른 일정과 함께 관리하기도 편리합니다. 월초, 월말에는 각각 새롭게 시작하고 무언가를 마무리한다는 사회적인 분위기도 있죠. 이 분위기에 편승한다면 내 의지력을 조금만 사용하고도 한 번 더 움직일 수 있는 힘이 생깁니다. 사회적 분위기는 일종의 파도와 같습니다. 자신에게 유용한 파도는 적극 활용하면 됩니다. 그게 현명한 거죠. 게다가 30일 단위 계획은 1년에 심플하게 딱 12번만 실천하면 됩니다. 생각하기도 편리하죠. 안 그래도 복잡한 일상, 계획까지 복잡하면 더 안 하게 됩니다. 최대한 단순하게 해야 지킬 확률도 높아집니다.

중요한 건
흐름을 만드는 것

앞서 아주 작은 행동 계획을 세우자고 말씀드렸습니다. 이를 30일 단위로 실천하는 이유도 말씀드렸고요. 처음 며칠은 아주 쉬울 겁니다. 의욕이 넘치는 데 비해 해야 할 일은 만만하거든요. 하루하루 자신이 세운 계획을 달성했다는 사실에 즐거울 겁니다. 이때 마음껏 즐거워하면 됩니다. 멋지게 실천해 냈으니까요. 그런데 머잖아 불안감이 급습합니다. 이렇게 아주 작은 행동 계획을 세우고 실천한들 무슨 변화가 있을까 싶을 겁니다. 무언가 꾸준히 한다고 해도 아주 작은 행동이기 때문에 어설퍼 보일 수 있습니다. 내 삶을 크게 바꿀 거라는 생각이 들지 않을 수도 있습니다. 맞습니다. 날마다 아주 작고 쉬운 행동을 한다고 해서 우리 삶이 크게 달라지지 않습니다. 그것이 운동이든, 공부든, 취미 생활이든 크게 실력이 늘지도 않을 겁니다. 하지만 중요한 걸 잊으시면 안 됩니다. 하루의 큰 성과보다 중요한 건 하나의 흐름을 만드는 겁니다.

단기간의 강도보다 장기간의 빈도가 길게 봤을 때 훨씬 큰 변화를 만들어냅니다. 게다가 한 번 흐름을 타기 시작한다면 시작이 비록 미약했을지언정 과정은 자연스러워지고 그 끝은 창대해집니다.

나에게 성취감을 맛보게 하라

하루하루 실천을 통해 얻은 결과도 중요하지만, 당신이 느끼는 성취감도 중요합니다. 뭐든지 해본 사람이 잘합니다. 성취도 성취의 맛을 본 사람이 계속하게 되는 경향이 있습니다. 아쉽게도 많은 사람들이 점점 성취 경험을 잃어갑니다. 학교 공부, 회사 일, 사업체 운영, 가사 활동 어느 영역에서도 마음껏 성취해본 경험이 없습니다. 무언가를 해보자고 열심히 자기계발에 투자하지만 여기서마저 실패감을 맛봅니다. 그나마 게임, 쇼핑과 같은 행위를 통해서만 간신히 성취의 맛을 보며 명맥을 유지합니다.

이 과정이 반복되면 어느 순간부터 스스로를 성취와는 거리가 먼 사람으로 규정하게 됩니다. 잘못된 자기규정에 빠져버리는 겁니다. 의지를 다지며 열심히 목표를 정하고 계획을 세우지만 마음 깊숙한 곳에서는 '어차피 지키지 못할 건데 뭐', '또 얼마 안 가서 그만두겠지, 나는 원래 그래'라며 스스로에게 주문을 겁니다. 예상대로 계획에 실패하게 되면 '내가 그렇지 뭐'라며 아주 당연한 듯이 생활합니다. 나중에는 계획 자체를 세울 힘도 사라집니다. 그 사람에게 계획은 곧 실패를 의미하기 때문입니다. 애초에 지킬 수 없는 계획이라는 걸 알

꿈 따위는 없어도 됩니다

고 있기 때문입니다. 이 상태에서 아무리 목표를 정하고 계획을 세우고 구호를 외쳐봤자 큰 변화는 생기지 않습니다. 오히려 지치기만 합니다. 자동차 브레이크를 밟으면서 엑셀을 마구 밟는 것과 마찬가지인 셈이거든요.

그러니 더더욱 아주 작은 행동 계획을 세우세요. 그 계획을 최소 30일간 반복하세요. 하루에 큰 성과를 내지 못해도 괜찮습니다. 다만 아주 작은 행동 계획일지라도 그걸 실천했다면 마음껏 성취감을 느끼세요. 만세를 부르고 소리를 지르고 박수를 치며 자신에게 잘했다고 칭찬해주세요. 기회가 된다면 함께 계획을 실천할 그룹을 만들어 서로를 격하게 칭찬해주세요. 대단한 성취가 아니라고 생각해도 대단한 성취인 것처럼 행동하세요. 우리 뇌가 속을 정도로 말이죠. 그렇게 '나는 계획을 실행하고 성취할 수 있는 사람'이라는 정체성을 마음에 심어주세요. 그러면서 조금씩 조금씩 행동의 규모와 난이도를 높여가세요. 이것이 지속 가능성을 높이는 실천법입니다.

●실천율을 높이는 비법●

**능동적인 계획과
수동적인 계획**
중요한 계획만을 추려내고 조금
씩 날마다 실행하려고 해도 매너
리즘에 빠지는 경우는 부지기수입니다. 괜찮습니다. 작고 쉬
운 계획조차 실패했다고 자책하지 않아도 됩니다. 여러분만
그런 게 아니라 대부분의 사람이 다 그렇거든요. 그만큼 몸에
배어 있는 관성이라는 것은 무서운 겁니다. 수십 년간 안 하던
행동을 갑자기 하려고 하니 몸이 저항할 수밖에 없죠. 역으로
생각하면 한 번이라도 제대로 관성을 만들면 그만큼 오래갈

수도 있습니다. 희망을 가지세요.

실천율을 높일 수 있는 몇 가지 비법을 추가로 말씀드리겠습니다. 우선 행동 계획을 세울 때 고려할 사항이 있습니다. 분류하는 겁니다. 계획에는 능동적인 계획과 수동적인 계획이 있습니다. 그 차이는 계획의 실천 여부가 온전히 자신에게 달려 있는지 외부의 영향을 받는지에 있습니다. 성공 여부를 자신이 얼마나 통제 가능한가로 생각해도 좋습니다.

어떤 영업자의 계획을 예로 들어보겠습니다. 그가 목표로 하는 월별 실적이 있습니다. 영업일로 계산해보니 하루에 최소 3건씩은 계약을 따내야 합니다. 따라서 '하루 3건 계약'이라는 계획을 세웠습니다. 이것은 수동적 계획입니다. 영업 담당자가 수동적으로 일을 해서가 아닙니다. 오히려 이런 계획을 세웠다면 아주 능동적으로 일을 해야겠죠. 다만 여기서 수동적 계획이라고 한 건 이 계획의 달성 여부가 영업 담당자뿐만 아니라 고객이라는 외부 상황에도 많은 영향을 받기 때문입니다.

아무리 영업 담당자가 효과적인 전략을 세우고 진정 어린 마음으로 일해도 달성하기 힘든 날도 있을 겁니다. 계약을 맺는 건 영업자 자신만의 일이 아닙니다. 고객과 함께 만들어내는 사건입니다. 영업자의 노력과 상관없이 실패할 가능성이 매우 높은 일입니다. 이럴 경우 치명적인 부작용이 생깁니다. 스스로가 자신의 책임을 회피하게 된다는 겁니다. 아무리 노력해도 유난히 운이 나쁜 날, 계획을 달성하지 못했다면 그는 어떤 생각을 하게 될까요? '오늘은 재수가 나빴어', '유난히 힘든 고객을 만났어'라며 외부 요인에 책임을 전가하게 됩니다. 본인의 능력으로는 컨트롤할 수 없는 변수가 생긴 날이니까요. 그런 마음을 갖게 되면 점점 상황에 대한 주도권을 잃게 됩니다.

그런데 만약 수동적 계획이 아닌 능동적 계획으로 바꾼다면 어떨까요? 이 경우 계약 여부로 계획을 세우지 않습니다. 영업자의 노력만으로 달성 가능한 것을 계획으로 삼습니다. '하루 3건 계약'이 아니라 '하루 10명의 고객에게 방문한다', '하루 30명의 잠재 고객에게 인사한다'가 계획이 되는 식입니다. 이렇게 계획을 세우면 외부 상황을 탓할 수 없게 됩니다. 본인의 행동에 집중하기 때문에 스스로 책임감을 느끼고 삶의 주도권도 확보하게 됩니다. 그러니 더욱 발전할 수 있는 기회가 생기는 거죠.

대안 행동을 만들어라

만약 어쩔 수 없이 외부 요인에 영향을 받을 수밖에 없는 계획을 세워야 한다면 어떡해야 할까요? 책임 회피와 변명할 가능성에 스스로를 있는 그대로 노출해야 할까요? 아닙니다. 이 경우에도 방법이 있습니다. 내가 세운 계획을 실행하지 못할 수밖에 없는 상황을 위한 대안 행동을 만들면 됩니다.

예를 들어 매일 아침 가볍게 동네 한 바퀴를 조깅하기로 계획을 세웠다고 칩시다.

동네 한 바퀴를 뛰는 거야 혼자서 할 수 있는 일이니 충분히 능동적인 계획입니다. 그런데 예상치 못한 일이 발생했습니다. 폭우가 내리는 겁니다. 비가 오는 날엔 우비를 입고서라도 반드시 자신이 세운 계획을 실천하는 분도 계실 겁니다. 엄청난 의지입니다. 하지만 대부분의 사람은 그렇게까지 하지 않습니다. 오히려 비에 홀딱 젖어 출근 혹은 등교 시간에 늦을 수도 있고, 미끄러운 길 때문에 다칠 위험도 있습니다.

이렇게 어쩔 수 없이 실천하지 못하는 경우엔 대안 행동을 하면 됩니다. 러닝머신 뛰기, 줄넘기, 스트레칭, 맨손체조 등 각자 상황에 맞는 운동을 선택할 수 있습니다. 비록 처음 계획했던 조깅은 아니지만 자신과의 약속은 지킨 거죠.

처음 계획을 실천하고 습관을 만들 땐 최대한 실천에 예외를 두지 않는 게 좋습니다. 한 번 '오늘은 그냥 넘어갈까' 하는 마음으로 포기하면 그다음 포기는 훨씬 쉬워집니다. 대안 행동을 만들어 어쩔 수 없는 상황에서도 계획을 지키면 됩니다. 그래야 흐름이 유지됩니다. 어쩔 수 없는 상황에서도 자신과의 약속을 지켰다는 사실에 성취감도 느낄 수 있고요.

공개 일지 쓰기

마지막으로 제가 자주 효과를 보는 방법이 있습니다. 공개 일지를 쓰는 겁니다. 방법은 간단합니다. 매일매일 본인의 실천 여부를 기록합니다. 집 안 눈에 잘 띄는 곳에 계획표 혹은 체크리스트를 붙여 놓고 실천할 때마다 바로 O, √와 같은 표시를 합니다. 눈에 잘 보이는 것이 중요합니다. 그래야 잊어버리지 않거든요. 아무리 아주 작고 쉬운 계획을 세웠더라도 잊어버리면 아무 소용이 없습니다. 사람 심리상 하루 실패하게 되면 괜히 다른 날에도 하기 싫어집니다. 나중에는 그 계획 자체를 쳐다보기도 싫어지고요. 비어 있는 칸을 보는 순간 나 자신이 인생 실패자처럼 느껴질 때가 있거든요. 단지 하루 실천하지 못한 것인데

꿈 따위는 없어도 됩니다

도 말입니다. 따라서 도저히 안 보고 지나칠 수 없는 곳에 계획표를 두는 것을 추천합니다. 매일 결과를 기록하며 자신의 생각과 감정을 함께 적어두는 것도 좋습니다.

그런데 왜 공개 일지를 쓰라고 했을까요? 공개에 대한 무언의 압박으로 실천에 더 신경 쓸 수밖에 없기 때문입니다. 계획을 실천했다면 바로 계획표를 사진 찍거나 아니면 별도로 정리해서 SNS에 업로드해보세요. 처음에는 어색할 겁니다. 굳이 사람들에게 내가 세운 계획이 뭔지, 그 계획을 실천했는지 알릴 필요가 있을까 하는 생각도 들고요. 물론 굳이 알릴 필요는 없습니다. 하지만 그 과정에서 얻는 게 많습니다. 혼자 세운 계획은 혼자 지워버리면 아무도 모르고 자기 합리화하기 좋습니다. 그런데 공개하게 되면 자기 합리화할 가능성이 차단됩니다.

스스로를 실행할 수밖에 없는 상황으로 내모는 전략인 셈입니다. 이때 예상치 못한 응원군이 생기기도 합니다. 주위 사람들이 처음에는 신기하게 생각할 가능성이 큽니다. 그러다 점차 지겨워하게 되죠.

하지만 그럼에도 계속 실천하다 보면 점차 주위 사람들이 당신을 바라보는 시선에 변화가 생깁니다. 당신의 꾸준함에 감탄하기 시작합니다. 어디까지 나아갈까 기대하게 되고요.

처음에는 이상하게 보던 사람들도 점점 당신의 팬과 응원군이 됩니다. 점점 모르는 사람들도 당신을 지켜보게 됩니다. 그 과정이 반복되다 보면 어느새 하나의 브랜드가 생기게 됩니다. 여러분의 개인 브랜드가 말이죠. 돌아이 짓도 반복하면 브랜드가 됩니다.

제 경우 공개 일지를 통해 얻은 기회들이 참 많았습니다. 블로그와 SNS를 통해 매일 제 계획과 실천 여부를 정리해서 올렸습니다. 처음에는 몇몇 사람이 관심을 가졌습니다. 시간이 지나면서 처음의 반응은 시들해졌습니다. 하지만 꾸준히 지속하자 점점 응원하는 사람들이 생겼습니다. 나중에 오프라인으로 만나보니 온라인에서는 반응하지 않아도 조용히 저를 지켜보는 사람들이 많다는 걸 알게 되었습니다. 다들 꾸준히 하는 게 대단하다고 말했습니다. 게다가 제가 올리는 일지들을 보고 해당 분야의 전문가와 연결되기도, 관련 정보를 얻기도, 기업에서 강의할 기회를 얻기도 했습니다. 전부 예상치 못했던 일들이었습니다.

기회는 스스로 문을 열어둔 사람에게 찾아옵니다. 브랜드는 최고에게 생기기도 하지만 최고가 되기 위해 꾸준히 성장하는 사람에게도 생깁니다. 공개 일지를 꾸준히 올려보세요. 매일 올리는 게 부담된다면 매일 기록하되 게시는 주 단위로

해도 됩니다. 목표 달성과 습관 형성은 물론 생각지 못한 기회
와 브랜드를 얻게 될지도 모릅니다.

●게으름은 인간의 본성이다●

**생존을 위한
진화의 산물**
　　　　　　　게으름 때문에 매번 계획을 실천하고
　　　　　　　습관을 만드는 일에 실패했나요? 게으
른 내 모습이 마음에 안 드나요? 자책할 필요 없습니다. 오히
려 축하드립니다. 진화했다는 증거이기도 하니까요.

　게으름은 생존을 위해 인간의 진화 과정에서 나온 현상입
니다. 원시인이 살던 시대의 야생 환경을 상상해보세요. 드넓
은 초원에 수많은 동물들이 살고 있습니다. 맹수는 사냥감을
쫓고, 힘이 약한 동물들은 자신을 사냥감으로 여기는 천적으

로부터 도망치려 합니다. 모든 동물은 자신의 생존을 위해 자신만의 강점을 갖고 있습니다. 여기서 인간은 어떤 강점을 갖고 있을까요. 육체적인 능력만 따져봅시다. 인간은 육식동물은 물론이고 꽤 많은 초식동물보다도 힘이 약합니다. 지능을 이용해 도구를 쓰지 않는 이상 드넓은 초원에서 살아남기가 만만치 않습니다. 그런데 인간에겐 상대적으로 강한 육체적 능력이 있습니다. 바로 지구력입니다. 근육의 종류, 체온을 조절하는 능력 등이 강한 지구력을 가질 수 있도록 설계돼 있습니다. 초원을 거닐고 있는 사냥감보다 속도는 느립니다. 대신 몇 시간을 쫓아다니면서 끝내 잡을 수 있도록 지구력이 좋습니다. 다른 동물들이 10km를 달릴 때, 인간은 무려 42.195km를 달리기도 합니다. 맹수들이 강한 힘으로 단번에 사냥감을 잡는다면, 인간은 수십 킬로미터를 쫓아가며 지쳐버린 동물들을 잡을 수 있습니다.

이런 힘든 사냥을 하기 위해 평소에 인간은 에너지를 잘 비축해둬야 합니다. 그래서 '게으름'이 필요합니다. 불필요한 신체 활동은 줄이고, 수시로 쉬면서 오랫동안 달릴 수 있는 에너지를 비축해야 합니다. 그게 우리가 자연스럽게 얻게 된 '게으름'입니다. 역설적이게도 게으르다는 건 생존을 위한 진화의 산물인 겁니다.

게으른 나도
인정해주기

하지만 현재 생활은 과거와 달라졌습니다. 옛 조상들처럼 엄청나게 움직이지 않고도 엄청나게 많은 음식을 섭취할 수 있습니다. 다들 '운동 부족'을 외칠 수밖에 없는 상황이죠. 그렇다면 이제 게으름을 포기해야 할까요? 진화의 시간을 봤을 때 우리 몸은 아직도 게으름을 추구하고 있습니다. 지금처럼 상황이 바뀐 건 인류 전 역사를 비교하자면 아주 짧은 시기에 불과하니까요. 우리 몸은 게으름을 벗어나려는 수많은 자기계발 계획을 일단 거부할 수밖에 없습니다. 자기계발을 위해, 습관을 만들기 위해 세운 계획들은 대부분 우리가 평소에 안 하던 일이기 때문입니다.

게으르고 싶은데 자꾸 몸을 움직이게 하고, 평소에 안 하던 짓을 갑자기 하라고 하니 우리 몸이 거부할 수밖에 없는 거죠. 지금까지 어떻게든 보장된 생존이 위협받는다고 인식하기 때문입니다. 어쩌면 생존을 위협하는 행동이라고 오해할 수도 있습니다. 우리는 이런 몸의 메시지를 무시한 채 열심히 계획을 세우고 부단히 움직이라고 주문합니다.

당연히 고역입니다. 그럼에도 그저 '강한 의지'로만 밀어붙이면 어떻게 될까요? 매번 계획이 실패할 수밖에 없습니다.

몸의 기본적인 반응을 무시하고 그저 뛰어넘으려고만 하니 얼마나 힘들겠습니까. 게으르고 싶은 메커니즘을 극복하는 건 쉽지 않은 일입니다. 그러니 우리는 그것을 해내는 위인들을 보며 '대단하다, 어떻게 인간이 저럴 수 있지!'라며 감탄하는 것입니다. 그럼 어떡해야 할까요? 다 포기하고 그저 한없이 게으르면 되는 걸까요? 물론 아닙니다. 이건 우리가 원하는 게 아니죠. 게으름에서 벗어나 당신이 원하는 모습으로 변할 수 있습니다. 다만 접근법을 바꾸자는 겁니다. 우선 수시로 게으름에 빠지려 하는 자신을 원망만 하지 말고 있는 그대로 인정하는 태도가 필요합니다.

인간의 자연스러운 반응, 욕구를 강한 의지로 덮어두려고만 한다면 언젠가 부작용이 나타날 수밖에 없습니다. 우리가 바라는 건 행복한 성장과 발전입니다. 이를 악물기만 한 성장과 발전이 아닙니다.

나에게 주는 보상

그다음은 긍정적인 피드백을 만들어야 합니다. 쉽게 말해 보상입니다. 습관의 작용을 간단히 요약하면 '계기-행동-보상'으로 표현할 수 있습니다. 행동과 보상의 인과관계가 명확할 때 습관의 연결 고리가 강력해집니다. 게으르고 싶은 욕구에서 벗어나고 싶다면 내가 하고자 하는 행동에 대한 보상이 있어야 합니다. 자신이 세운 목표를 달성했을 때 스스로 보상을 주는 것도 좋습니다. 더 좋은 건 과정 자체에 긍정적인 피드백을 넣어두는 겁니다. 대단한 성과를 이뤄냈나 아니냐와 상관없이, 행동했다는 사실 자체만으로도 보상을 주는 겁니다.

앞서 이야기한 '공개 일지 쓰기'를 응용해도 좋습니다. 내가 게으름에서 벗어나 행동을 하는 순간을 기록으로 남기는 겁니다. 자신을 칭찬하는 따뜻한 응원 글과 함께 말이죠. 아니면 행동할 때마다 포인트를 적립하듯이 노트에 스티커를 붙이거나 별도 표시를 하거나 숫자를 누적해도 좋습니다. 그게 일정량 이상 쌓이면 스스로 작은 선물을 주고요. 자신만의 포인트 적립 혜택을 만드는 겁니다.

저는 스스로에게 힘을 주는 문구를 외치는 방법을 활용하고 있습니다. 우리는 참으로 칭찬받을 일이 없는 일상을 살아가고 있습니다. 그러니 반복된 게으름에서 벗어나 행동할 때마다 스스로에게 칭찬을 해주세요. 내가 나를 챙기는 겁니다. 평소 나에게 힘을 주는 문구를 수집해두면 좋습니다. 그리고 그 문구를 속으로 외치기보다는 겉으로 직접 표현하는 게 좋

꿈 따위는 없어도 됩니다

습니다. 조금은 과한 행동과 함께해도 좋습니다. 박수를 치고 두 팔을 활짝 펴고 주먹을 불끈 쥐고 만세를 외치세요. 마치 나라를 구한 영웅이라도 된 듯 말이죠.

또 애초에 과정 자체에서 보상을 느낄 수 있는 환경을 만드는 것도 중요합니다. 자꾸 게을러지는 관성보다 긍정적인 피드백을 통해 얻는 즐거움이 크다면 우리 몸은 더 수월하게 계획을 지키는 습관을 갖게 될 겁니다.

간절하게 바란다고 다 이루어질까?

간절함이 목표가 될 수 있을까

우리는 더 나은 삶을 살기 위해 변신을 꿈꿉니다. 변화에 간절한 사람들이 있습니다. 그들은 열악한 환경 속에서도 자신을 바꾸고 상황을 바꾸고 운명까지도 개척합니다. 과정이 힘들지만 그럼에도 변화에 성공합니다. 왜일까요? 간절하기 때문입니다. 간절함은 사람의 잠재력을 끌어내며 때로는 기적 같은 결과를 만들어내기도 합니다. 많은 사람들은 그들의 간절함에 감명받고 그들의 변화된 모습에 희망을 얻습니다. 그들이

꿈 따위는 없어도 됩니다

그랬던 것처럼 자신도 간절함으로 삶을 바꿀 수 있기를 바랍니다. 그렇다면 모두가 간절한 마음을 가질 수 있을까요? 물론 아닙니다. 간절한 마음은 일부러 동기부여한다고 해서 생기지 않습니다. 마음먹는다고 해서, 성공한 사람이 간절하게 꿈꾸라고 조언한다고 해서 내가 간절해지는 건 아니니까요. 간절함은 목표로 삼는다고 해서 생기지 않습니다. 상황에 따라 자연스럽게 나오는 겁니다. 사람들은 가만히 앉아서 간절함을 찾고 싶다고 말만 합니다. 간절함이 없어서 자신이 변하지 못하고 있다고 말합니다. 내 현재 의식 상태는 생각하지 않고 간절함이라는 단어 뒤에 숨어버립니다. 스스로 계속 변화를 미룹니다. 그것은 자기 합리화이자 핑계일 뿐입니다. 만약 간절함을 찾는 게 정말 간절했다면 이런 고민을 할 시간도 없을 겁니다. 이미 움직이고 있었을 테니까요.

간절함은 잠시 내버려두세요. 이 무거운 마음을 억지로 찾아다니려 하지 마세요. 그냥 가볍게 지금 여기에서 내가 할 일을 하나씩 하나씩 해결하세요. 계속 일을 미루게 되나요? 내 의지 부족은 간절함이 있어야만 해결될 것 같나요? 그렇지 않습니다. 오히려 그 간절함만 찾는 것은 미래를 좇느라 현재를 등한시하는 꼴입니다. 지금까지 미루고 있는 일들을 실행할 수 있는 방법을 알려드리겠습니다.

별거 아니라고
생각하면 더 쉬워진다

먼저 자신이 미루고 있는 일들을 구분해봅시다. 크게 자신이 '하고 싶은 일'과 '해야 하는 일'로 나눌 수 있습니다. 하고 싶은 일인데도 미룰 수가 있을까 싶지만 실제로 그런 일들이 벌어집니다. 실제로 반드시 이루고 싶은 목표들도 계속 미루게 되는 경우가 많습니다.

자신이 봤을 때도, 또 남이 봤을 때도 뻔히 중요한 일인 걸 알면서도 말이죠. 마치 맛있는 반찬을 아끼고 아꼈다가 마지막에 먹으려는 것처럼 말이죠. 이 경우 너무 소중하고 중요하고 원하는 일이기에 오히려 계속 미루고 이루지 못하게 되는 역설에 빠집니다. 그러곤 시간이 지나 더 이상 그 일을 할 수 없는 상황에 부딪힙니다. 그때 남는 건 후회하는 일밖에 없죠.

더 이상 미룰 수 없습니다. 이제는 실천할 때입니다. 그럼 어떻게 해야 미루지 않을 수 있을까요? 아이러니하게도 중요도를 낮추는 겁니다. 중요한 일을 대수롭지 않게 여겨서 오히려 달성해버리는 겁니다. 웃긴 이야기죠. 말장난 같기도 할 겁니다. 하지만 때로는 이런 마인드가 오히려 중요한 일을 달성하는 데 더 효과적입니다. 너무 중요한 일이라고 생각하면 오히려 부담이 되기 때문입니다. 실패할 경우 나의 미래에 큰 영향을 미친다고 생각하면 걱정이 많아져 오히려 함부로 시작하기가 힘듭니다. 어설프게 시작했다가 잘못되면 어쩌나 싶어, 마치 목욕재계라도 하듯 만반의 준비를 거친 뒤 시작하려 합니다. 조심스럽죠. 그러다 보니 그만큼 일의 진행 속도 자체가 느려집니다.

게다가 그 일을 하면서도 불안감이 커집니다. '이게 잘못되면 어떡하지', '꼭 달성해야 되는데'라며 전전긍긍하게 됩니다. '이렇게 하는 게 맞을까', '이거 안 되는 거 아니야?'라는 의구심도 자주 갖습니다.

일이 제대로 흘러가고 있는지 피드백을 받고 스스로의 위치를 확인하는 태도는 좋은 일입니다. 그런데 이런 불안감과 의구심이 과도하면 계속 점검만 받으려 합니다. 외부의 누군가에게 확인만 받으려 합니다. 피드백이라는 것도 어느 정도 일을 진행한 다음에 받아야 하는 건데, 아직 시작도 하지 않았는데 계속 피드백을 받으려 합니다. 본인의 선택을 믿지 못하고 누군가에게 계속 '괜찮다'는 메시지를 확인받고 싶어 합니다. 이런 마음을 일으키는 불안감과 의구심은 중요도가 높을수록 비례해서 올라갑니다. 그러니 중요한 일이라는 걸 의식적으로는 뻔히 알면서도 계속 미루게 되는 거죠.

너무 중요한 일인 걸 알면서도 계속 미루고 있는 자신을 발견했나요? 그럼 그 일의 중요도를 한 번 낮춰보세요. '열심히 해보자, 안 되면 어쩔 수 없고'라고 생각해도 괜찮습니다. 해야 할 일을 다하고 하늘의 명을 기다린다는 '진인사대천명'의 태도를 갖는 겁니다. '이 일이 안 되었을 때 최악의 시나리오는 무엇일까'를 생각해보는 것도 좋습니다. 생각보다 별일 없는 경우, 내가 충분히 감당할 수 있는 상황일 경우가 많습니다.

테슬라의 CEO인 일론 머스크는 사업을 시작할 때 '하루 1달러로 살기'에 도전했습니다. 창업을 하며 다른 사람들과 마찬가지로 '망하면 어떡하지?', '가난한 삶을 버틸 수 있을까'와 같은 고민을 했다고 합니다. 그런데 막상 하루 1달러로 살기에 도전해보니 충분히 해낼 수 있다는 걸 알게 되었고, 그 당시 한 달에 30달러만 벌어도 살 수 있다는 생각에 용기를 낼 수 있었다고 합니다. 그러니 자연스레 생각과 마음에 여유와 자유가 생겼고, 그만큼 일에 더 집중할 수 있었던 것이지요.

내 삶을 변화시키고
내가 원하는 삶을 살아가는 데 핵심이 되는 활동
20%를 골라보세요.
나머지 80% 목표는 다 버려야 합니다.
그래야 정말 중요한 20%에 내 에너지를 쓸 수 있으니까요.

끌리는 일을 내일로 미루지 마라

**앞뒤 재지 말고
시작하라**

"뭔가가 끌린다면 그냥 해보는 겁
니다."

저에게는 글이 제일 잘 써지는 시간대가 있습니다. 정신이
맑아지는 새벽도, 몸이 깨어나는 아침도, 달빛이 내리는 저녁
도 아닙니다. 그냥 '쓰고 싶을 때'입니다. 뭔가를 끄적이고 싶
을 때, 하고 싶은 말이 떠오를 때, 그 순간 바로 글을 써야 합니
다. 그 순간 나오는 글에는 생동감이 있습니다. 날것 그대로의
감정과 생생한 이야기가 담기기 때문이죠. 그런 순간에는 수

천 자의 글도 막힘없이 나옵니다. 억지로 애쓰지 않고서도 말입니다. 문장을 다듬는 건 그다음 일입니다. 간단히 구조만 세운 뒤 나오는 대로 거침없이 써나가야 합니다. 묵혀둔다고 해서 그보다 더 나은 글이 나오지 않습니다. 제철 과일이, 갓 잡아 올린 생선이 맛있는 것처럼 글 역시 마음이 싱싱할 때 써야 맛있습니다. 숙성해야 맛있다고요? 숙성도 일단 싱싱할 때 수확한 재료를 가지고 해야 합니다. 퇴고도 싱싱할 때 쓴 글을 대상으로 해야 제맛이 납니다.

바로 그 '때'를 놓치지 않고 잡는 것은 글쓰기에서만 중요한 게 아닙니다. 인생 전체를 통틀어 봤을 때도 마찬가지입니다. 살다 보면 한 번씩 '이거 해볼까' 하는 호기심이, '이거 하고 싶다'라는 열정이 스멀스멀 올라오는 순간이 있습니다. 타인의 시선, 사회적 요구와 상관없이 내면에서부터 올라오는 순수한 욕망 말이죠. 감정은 끓어오르고 직관적으로 판단해도 문제가 없어 보일 때 말입니다.

만약 그때를 만난다면 그냥 무조건 해보는 겁니다. 앞뒤 재지 말고 시작해버려야 합니다. 그때만큼 강렬한 추진력과 힘을 얻을 수 있는 순간은 없습니다. 그 순간의 끌림을 따를 때 사람은 스스로 몰입하게 되고 거침없이 원하는 바를 향해 나아가게 됩니다.

미숙해도 괜찮아,
생생함이 있으니까

그러나 안타깝게도 우리는 종
종 그때를 놓칩니다. '이걸 해
도 될까'라는 의구심, '해서 안 되면 어떡하지'라는 두려움,
'이걸 해서 뭐해'라는 자기 합리화, '내가 할 수 있을까'라는
걱정으로 행동을 미룹니다. 세상이 준 순수한 열정이라는 선
물과 에너지를 스스로 거부합니다. 그러면서 다른 곳에서 열
정을 쥐어짜낼 수 있기를 기대합니다. 기껏 내면에서 끓어올
랐던 열정은 외면한 채 말입니다.

이렇게 미뤄둔 열정은 내면 깊은 곳에 남게 됩니다. 하나의
과제로, 하나의 응어리로, 하나의 후회로 말이죠. 그렇게 미루
고 미뤄놨던 열정을 훗날 다시 꺼내는 사람이 있고, 평생 한으
로 남겨두기만 하는 사람이 있습니다. 뒤늦게라도 꺼낸다면
그나마 다행입니다. 사라진 불씨를 다시 지피면 되니까요. 하
지만 그만큼 또 다른 노력이 필요합니다. 불쏘시개도 모으고
불을 피울 공간도 찾고 바람도 일으키고……. 처음에 바로 시
작했더라면 굳이 안 해도 될 일인데 말이죠.

이성적 판단과 계획된 의지만으로 뜨거운 열정을 만들려는
노력은 이제 그만하세요. 애초에 끌림과 끓어오름이 있을 때
곧바로 행동으로 옮겨보세요. 그게 영감이든 아이디어든 직

관이든 뭐든 상관없습니다. 양심에 어긋나지만 않는다면, 법적으로 문제가 되지 않는다면 당신이 하지 말아야 할 이유는 없습니다. 미숙해도 괜찮습니다. 대신 생생함이 있으니까요. 거창하지 않아도 괜찮습니다. 시작했다는 게 중요한 겁니다. 열정을 보류하지 마세요. 그렇게 보류한 열정이 쌓이면 마음속 부채가 됩니다. 부채가 쌓일수록 삶은 무거워집니다.

'그냥'은 강력한 힘이다

열정의 씨앗이 생겼을 때, 사람들은 대개 생각을 합니다. 생각의 대부분은 걱정과 고민입니다. 열정을 구체화하고 고도화하는 건설적인 생각은 일부분에 불과합니다. 생각에 생각이 꼬리를 물고 이어지다 보면 그만 때를 놓치고 맙니다. 그러다 바로 실천으로 옮긴 사람들의 이야기를 보면 '예전에 나도 그거 하려고 했어'라며 후회하거나 '그거 하려고 했는데 어려운 일이더라고'라며 자기 합리화를 하게 됩니다. 이것이 당신이 원하는 삶의 방식은 아니지 않나요?

끌리는 일이 있다면 바로 시작하세요. 어떻게? 그냥! 바로! 무조건! 너무 많은 생각, 너무 많은 계획, 너무 많은 절차는 내려두고 그냥 하세요. 우리는 흔히 '그냥'을 별생각 없다는 뜻으로 사용하며 폄훼하지만, '그냥'은 강력한 힘입니다.

그냥의 어원을 '그(基)'와 '양(樣)'의 결합이라고 보는 의견이 있습니다. 글자 그대로 해석해보자면 '그 수량 그대로', 좀 더 확장하자면 '있는 그대로'라는 뜻입니다. 그만큼 자연스럽다는 겁니다. 세상에 자연스러운 것만큼 대단한 게 또 어디 있겠습니까.

그냥 하세요. 너무 많은 곳에 힘 빼지 말고 그냥 해버리세요. 자신의 열정, 끌림, 직관을 무시하지 마세요. 그 '때'를 놓치지 마세요. 이 책을 보면서 '이거 해봐야겠다', '내 삶에 적용해보면 좋겠다' 싶었던 아이디어가 있다면 단 하나라도 한 번 시작해보세요. 그냥 실험하듯이 가볍게 해보면 됩니다. 이론과 방법을 머리에만 담아두지 마세요. 몸과 마음으로 느껴보세요. 그렇게 나에게 맞는 성장법과 철학을 찾아가세요. 그러면서 우리는 행복하게 성장합니다.

2018년 7월

이태화

꿈 따위는 없어도 됩니다